DIARIO DI GUERRA

BENITO MUSSOLINI

INDICE

PREFAZIONE DEL REDATTORE

Quando l'Italia entrò in guerra nel 1915, rinunciando alla sua neutralità e rompendo gli accordi della Triplice Alleanza, inviò mezzo milione di soldati sul fronte nord orientale per respingere gli Austro-Ungarici.

Benito Mussolini aveva allora trentadue anni. Giornalista e già direttore dell'*Avanti!*, nel 1914 aveva fondato a Milano il quotidiano *Il Popolo d'Italia*: quando fu richiamato alle armi l'anno successivo, il suo nome era certamente già molto conosciuto.

Nonostante la sua posizione avrebbe potuto favorirgli impieghi meno pericolosi e nonostante le proposte che gli furono avanzate anche sul campo di battaglia, Benito Mussolini scelse di restare al fronte, in prima linea, con il fucile in spalla a scavare trincee oltre l'Isonzo, a respingere il nemico e spostare reticolati sotto il fuoco d'artiglieria.

Questo diario, è il racconto quotidiano senza veli, della Prima Guerra Mondiale vissuta dal bersagliere Benito Mussolini. Un documento storico della determinazione e del coraggio che animavano gli Italiani, i nostri nonni, un secolo orsono; i nomi di commilitoni, ufficiali di complemento e ufficiali superiori, la visita di re Vittorio Emanuele, date e avvenimenti bellici della storia del nostro Paese.

CLASSE 1883

Richiamato alle armi il 31 agosto 1915,
assegnato all'11° bersaglieri,
mandato al fronte il 2 settembre successivo.

DEDICA

A voi, miei commilitoni del fortissimo 11° bersaglieri, dedico queste cronache di guerra. Sono mie e vostre. C'è in queste pagine la mia e la vostra vita: la vita monotona ed emozionante, semplice e intensa che abbiamo insieme trascorso nelle indimenticabili giornate della trincea.

Serbo di voi tutti il più profondo ricordo. Chè voi mi avete offerto una consolante certezza laddove non esisteva che una speranza e un atto di fede: sulle aspre cime delle Alpi contese, nella dura e pur tanto eroica guerra d'assedio, avete dimostrato che la vecchia stirpe italiana non è esaurita, ma reca nel suo grembo i tesori di una giovinezza perenne.

BENITO MUSSOLINI

I. SETTEMBRE-NOVEMBRE 1915

In trincea coi soldati d'Italia

9 Settembre.
Da stamani circola la notizia della nostra prossima, quasi immediata partenza per la linea di fuoco. Dove andiamo? Nessuno lo sa dire con esattezza. Non importa. L'essenziale è muoversi. Il pensiero di passare alcuni mesi in guarnigione mi sgomentava. La notizia della partenza si è diffusa tra i plotoni, ma non ha sollevato una grande emozione. È tempo di guerra: si va alla guerra. È naturale! D'altra parte lo stato d'animo di questi richiamati dell'84 non è negativo. Uomini di trent'anni comprendono certe necessità. Vi sono molti interventisti anche all'infuori dei milanesi: ne ho conosciuto un altro, un caporale di Crespino, in quel di Rovigo. Gli elementi di *lievito* non mancano.
Una grata sorpresa mi attende. Ricevo un biglietto che dice: «L'ex-linotipista dell'*Avanti*, Adolfo Giretto, ora residente a Rovigo, per mezzo dell'amico Battaglini, le manda i saluti più affettuosi, ricordandolo».
Un caporale milanese che era stato destinato al deposito, se n'è tornato con zaino e fucile in compagnia per andare insieme con tutti noi al fronte. Bel gesto! Il caporale si chiama Mario Morani.
Giornata melanconica. Prima pioggia autunnale. Sottile, silenziosa, insistente.

11 Settembre.
Stamani, insieme con altri dodici soldati, sono stato comandato di guardia al Tribunale di Guerra del 3° Corpo d'Armata. Ho assistito, come sentinella d'onore, allo svolgimento di due processi poco importanti. Primo. Un territoriale di 39 anni, imputato di abbandono di posto. Faceva il mugnaio. Un povero diavolo che è livido di paura. Il P. M. chiede un anno di reclusione, ma il Tribunale assolve. Secondo processo: quattro imputati di un furto di scarpe. È una storia complicata e noiosa. Il Tribunale condanna. Credevo, in verità, che la Giustizia Militare fosse più sbrigativa, sommaria. È invece minuziosa, analitica. Mi è apparsa più incline all'indulgenza di quella civile, per effetto, forse, di quella specie di imponderabile solidarietà professionale che si stabilisce fra uomini d'arme.

12 Settembre.
Siamo stati richiamati il 31 agosto e la nostra vita di guarnigione è già finita. Si annuncia in forma ufficiale che partiremo domattina alle 7. Si annuncia anche, che verso mezzogiorno il colonnello ci passerà in rivista e ci terrà una morale. Sono le undici quando la tromba alla porta suona *l'attenti*: è il colonnello che entra in caserma. Usciamo nel cortile, armati senza zaino. Formiamo una specie di quadrato. Suona un'altra volta *l'attenti*. Il tenente colonnello parla. Discorso terra terra. Bisogna trovare altri accenti quando si è dinanzi a uomini di trenta e più anni. Bisogna considerare i soldati come

uomini, non come matricole. Per i graduati c'è un supplemento di morale, fatto dal tenente Izzo. Io che sono soldato semplice, me ne vado fuori.

13 Settembre.

Ore due: sveglia e in rango. C'è da ricevere la cinquina[1], un paio di scarpe di fatica, una coperta da campo e una scatoletta di carne da consumare durante il viaggio. Quest'operazione dura un paio d'ore. I bersaglieri si pigiano dinanzi alla fureria. Chi fa tutto, dentro, è il sergente Fogli, ferrarese. Grida, lavora e suda come un facchino.

È l'alba! Zaino in spalla! In marcia verso la stazione. Il treno è pronto, ma si parte con un lieve ritardo. Siamo 351, compresi i tre ufficiali (un tenente e due sottotenenti) che ci accompagnano. Occupiamo i vagoni. Nell'attesa, una donna, completamente vestita di nero, taglia i gruppi delle persone raccolte attorno al treno e si getta fra le braccia del marito che parte. Il marito, col ciglio asciutto, si divincola dolcemente dalla stretta affettuosa e rincuora la donna che si allontana adagio con le mani sulla faccia, per nascondere le lacrime. È l'unico episodio patetico della partenza. Il nostro vagone è adornato di rami. Una prima scossa. Un fischio breve. Ecco: il treno va. Addio! Addio! Un agitare convulso di mani fuori dai finestrini e un gridare tumultuoso: Addio! Addio! Poi canti a voce spiegata. I mei amici gridano: Viva l'Italia! Attraversiamo la campagna bresciana. Vaste distese di verde che impallidisce sotto il sole autunnale. Lago di Garda. Non l'ho mai visto così bello! Peschiera. Cittadella grigia. Mi ricorda un anno di vita militare. Addio, vaga penisola di Sirmione incantevole! Siamo alle campagne veronesi, melanconiche, sassose. Fa caldo. Sosta a Verona. Sosta più lunga a Vicenza. A Treviso grande movimento di soldati. Un treno di feriti. Altri vagoni pieni di soldati di fanteria si accodano al nostro treno, che diventa lunghissimo e deve rallentare la marcia. Stazioni: Conegliano, Sacile, Pordenone.

Crepuscolo serale. Nel cielo che incupisce volteggia un Farman[2]. A Casarsa lunga tappa. Si aggiungono al nostro treno vagoni di artiglieri. Un vagone scoperto porta un cannone di proporzioni spettacolose. È tutto circondato di fronde verdi. Uno dei serventi agita una grande bandiera tricolore. Entusiasmo generale. Saluti fra i soldati delle varie armi. Udine, quando vi giungiamo alle 19 è buia. Interminabili treni per i rifornimenti sono immobili lungo chilometri e chilometri di binari. Quale somma enorme di sforzi richiede il rifornimento e vettovagliamento di un esercito che combatte! Cividale. È notte alta e non vedo nulla. Ci rechiamo agli accantonamenti. Càpito coi miei amici nel solaio di un contadino. Sonno profondo.

14 Settembre.

Sveglia alle cinque. Sento che le mie ossa sono un po' ammaccate. Un'ora di marcia, con uno zaino che pesa trenta chili, mi rimetterà in forma. Siamo nel cortile dell'accantonamento e attendiamo l'ordine di partire per Caporetto. Un bambino attraversa la strada gridando: Un aeroplano! Un aeroplano! C'è infatti un velivolo austriaco, altissimo. Immediatamente entrano in azione le batterie antiaeree. Si ode distintamente il loro crepitìo. Le nuvolette verdognole degli shrapnel[3] punteggiano l'orizzonte ma il velivolo nemico, che si è tenuto sempre a una quota altissima, torna indietro.

Cividale: città simpatica. D'interessante: il monumento ad Adelaide Ristori.[4] Qui più ancora che a Udine si ha l'impressione della guerra vicina. File interminabili di camion, automobili e di carri d'ogni specie vanno e vengono incessantemente.

Scrivo queste linee nel cortile di una fattoria, durante un *alt*. Qualcuno dei miei compagni dorme. Qualcun altro scrive. Sotto un pergolato si gioca alla morra. Giunge da lontano il rombo del cannone. Io amo questa vita di movimento, ricca di umili e di grandi cose.

15 Settembre.

Tappa a San Pietro al Natisone. Primo dei sette Comuni in cui si parla il dialetto sloveno. Incomprensibile per me.

Il tenente Izzo ci ha invitati ieri sera a bere un bicchiere di congedo con lui. Egli ci accompagna sino alla linea di fuoco, poi ritornerà a Brescia, per entrare come osservatore nel corpo aviatori. Riunione fraterna, simpatica. Son con me Buscema, Morani, Tafuri, Bocconi.

Stamani, sveglia alle sei. In marcia! Sole cocente. Il polverone sollevato continuamente dai camion e dalle colonne delle salmerie ci acceca. Ecco Stupizza, l'ultimo paese italiano prima della guerra. Troviamo della birra eccellente a un prezzo discreto. Di lì a poco giungiamo alla linea del vecchio confine. A lato della strada c'è una casa e un posto di guardia. Le insegne austriache sono scomparse. Momento d'emozione per me che ricordo di essere stato nell'ottobre del 1909 sfrattato da «tutti i paesi e regni dell'Impero austriaco». Il tenente grida: Viva l'Italia! Io che mi trovo in testa alla colonna ripeto il grido, ed ecco quattrocento voci gridare in coro: Viva l'Italia! Giungiamo dopo una marcia faticosa a Robich, primo villaggio ex austriaco. A Robich, tappa di alcune ore. Ci precipitiamo nell'unica osteria. Noto un bambino di sei o sette anni che si afferra al braccio di una pompa e ci serve di acqua. Gli domando:

— Come ti chiami?

— Stanko.

— E poi? —

Il bambino non capisce e non risponde. Lo domando a una ragazza che attraversa il cortile.

— Si chiama Robancich. — Nome prettamente slavo.

Nel prato, poco lungi, un caporale, il milanese Bascialla, fa circolo. Ha ritagliata e l'ha conservata nel portafoglio una cartina della zona di guerra. Col dito teso, indica il famoso e misterioso Monte Nero.

Iscrizione trovata, due chilometri prima di Caporetto, su di una cappella votiva al ciglio della strada:

NIKDAR NOBEN SE NI BIL ZAPUSCEN
KIV VARTVO MARJIS BIL IZZOGEN.

Caporetto. Non ho visto che un campanile bianco con una guglia grigio-verde, sottile. Una moltitudine di soldati si affolla attorno a noi per cercare i compaesani. Ci accampiamo poco lungi dall'Isonzo, sulla nuda terra. Miei compagni di tenda: caporale Buscema, caporale Tafuri, caporal maggiore Bocconi. Nella notte romba il cannone, verso Gorizia. Nell'accampamento vigilato dalle sentinelle, silenzio alto. Si *sente* la guerra.

16 Settembre.
Mattinata fredda. Sull'Isonzo è un velo di nebbia. La notizia del mio arrivo a Caporetto si è diffusa.
Discorsi e impressioni. Due soldati d'artiglieria. Accidenti! A sentirli, il nostro esercito è quasi interamente distrutto; l'Inghilterra dorme; la Francia è spezzata; la Russia finita. Discorsi odiosi e imbecilli che ho sentito ripetere tante volte. I due compari (che non sono mai stati al fuoco) la piantano in tempo giusto per evitare una energica cazzottatura. Ma ecco tre bolognesi. Il loro morale è infinitamente migliore.
Durante la distribuzione del rancio, un capitano medico mi cerca tra le file.
— Voglio stringer la mano al Direttore del *Popolo d'Italia*. — Pomeriggio di chiacchiere. Episodi di guerra. Esaltazione unanime degli alpini.
L'Isonzo! Non ho mai visto acque più cerulee di quelle dell'Isonzo. Strano! Mi sono chinato sull'acqua fredda e ne ho bevuto un sorso con devozione. Fiume sacro!

17 Settembre.
Partenza. Andiamo aggregati non più al 12° bersaglieri, ma all'11°, che si trova sulla catena del Monte Nero. Un sottotenente medico rodigino che sta al comando di tappa, vuole conoscermi e salutarmi. Mi offre una eccellente tazza di caffè. Siamo in rango. Il tenente Izzo ci fa alcune raccomandazioni. Ci dice che a un certo punto della strada saremo a tiro del cannone nemico.
— Guai ai ritardatari! —
Il battaglione non sembra affatto preoccuparsi.
— Classe di ferro, l'84! —
Il morale è ancora più elevato. I discorsi stupidi che erano rari prima, non si odono più. C'è dell'allegria. Un artigliere di Corticella, tale Mengoni, mi accompagna per un tratto di strada. Attraversiamo gli attendamenti delle salmerie e degli alpini. L'artigliere bolognese filando mi precede per annunciare a gruppi di suoi amici il mio passaggio. Molti mi salutano con simpatia. Auguri! Valichiamo l'Isonzo. A Magozo, piccolo paese sloveno, dove non sono rimaste che due vecchie, le quali si nutrono col rancio dei soldati, incontriamo una colonna di prigionieri. Li circondiamo. Sono 46. Un

intero plotone, con un cadetto e un sott'ufficiale. Il loro equipaggiamento è buono. Siedono su due file per terra. Molti fumano. Hanno, specie gli anziani, l'aria soddisfatta. Ma il cadetto, che sta dietro agli altri, è nervoso. Si morde le labbra. Trattiene a stento le lacrime. Il caporale Tafuri gli dice:

— Non temete, in Italia sarete trattato bene.

— *Glauben Sie?* [5] — interroga dubitoso il cadetto. È giovane. Non arriva ai vent'anni.

Un bersagliere di scorta mi racconta come furono catturati. Di fronte alle posizioni del 33° batt. dell'11° bersaglieri c'era una trincea dall'aspetto formidabile. La notte scorsa è stata ordinata l'avanzata. Una squadra di bersaglieri si è spinta inosservata fin sotto i reticolati e ha fatto brillare un tubo di gelatina, seguito da un assalto irrompente alla baionetta. Gli austriaci non se l'aspettavano, non sono riusciti a sparare che qualche fucilata. Hanno levato le braccia. Si sono arresi.

— Bono taliano, rispettare prigioniero! —

Riprendiamo la nostra marcia. Dobbiamo raggiungere quota 1270. Siamo sulla mulattiera che va al Monte Nero. Incontriamo dei feriti. Alcuni leggeri che fumano e sorridono. Altri più gravi. Uno di essi ha il volto coperto da un giornale. Sotto si vede la faccia tumefatta e insanguinata. Due feriti austriaci. Uno leggero. Un altro più grave: deve aver le braccia spezzate. Sono diretti all'infermeria, sezione della Sanità di Magoso. Colonne lunghissime di salmerie. Senza i muli non sarebbe possibile la guerra in montagna. I più stanchi di noi caricano gli zaini sui muli.

Verso sera giungiamo nella zona battuta dall'artiglieria austriaca. Fischiano nell'aria col loro sibilo caratteristico le granate. Sono formidabili. Qualche bersagliere è un po' emozionato. Io che marcio in fondo alla colonna, incoraggio coloro che mi stanno vicini. Passata la prima e comprensibile emozione, la marcia faticosa con zaino completamente affardellato riprende, sotto il fuoco abbastanza accelerato dell'artiglieria nemica. Una granata scoppia vicino a una colonna di muli, ma non fa vittime. Un'altra cade e scoppia in prossimità di un gruppo di bersaglieri e solleva un turbine di schegge. Un bersagliere grida che è ferito. Ha avuto la clavicola frantumata. Un'altra granata scoppia accanto a un altro gruppo nel quale mi trovo io. Spezza diversi grossi rami di un albero. Siamo coperti di foglie e terriccio. Nessun ferito. Gli austriaci tirano a caso.

Imbruna quando giungiamo al comando. Siamo attesi da un maresciallo. Siamo da dodici ore in marcia. Nessuno è rimasto indietro. E si tratta di soldati dei distretti di Cremona, Rovigo, Ferrara, Mantova, nati e vissuti nelle più basse pianure d'Italia. Vecchia e sempre giovane stirpe italica! Un bersagliere mantovano mi avvicina e mi dice:

— Signor Mussolini, giacché abbiamo visto che lei ha molto *spirito* (coraggio) e ci ha guidati nella marcia sotto le granate, desideriamo essere comandati da lei... —

Sancta simplicitas!

Ci contano e ci dividono nei tre battaglioni dell'11° bersaglieri. È l'ora della separazione. Il tenente Izzo, che torna a Brescia insieme con l'ottimo caporale Biagio Biagi di Cento, ci saluta. Noi, assegnati al 33° battaglione, riprendiamo la marcia in fila indiana. Sono le dieci. Sotto un costone fumano le marmitte delle cucine. Ci preparano il rancio. Un po' scarso, ma eccellente. Pasta, brodo, un pezzo di carne. Ma molti assetati chiedono invano dell'acqua.

Ci stendiamo fra i macigni, all'aria aperta. Non fa freddo. Notte stellata, plenilunare. Silenzio. Spettacolo fantastico. Siamo in alto! Siamo in alto! Già battezzati dal fuoco dei cannoni. Così si chiude la prima giornata di guerra!

Sabato, 18 Settembre.
Stamani ci hanno diviso nelle tre compagnie del battaglione. L'operazione è stata lunga. Alcuni caporali e sergenti ci hanno fatto passare il tempo, raccontandoci episodi gloriosi dell'11° bersaglieri durante i primi mesi di guerra.

Sono assegnato all'8ª. Sono con me Buscema, Morani, Tafuri. Verso sera ci muoviamo per raggiungere la nostra posizione. Invece di andare per la mulattiera, diamo la scalata, quasi verticale, al costone. Dobbiamo giungere a quota 1870. Una discreta altitudine, come si vede. L'ascensione ci abbrevia di almeno tre ore il cammino, ma è faticosa, tanto più che non abbiamo il bastone da montagna e portiamo lo zaino. Gli uomini dei posti di collegamento ci hanno guidato. Nessuno è rimasto indietro, ma siamo giunti a notte inoltrata. Prima di giungere alla meta, passiamo accanto a fosse di soldati italiani. Quattro o cinque. Mi sono chinato su una rozza croce di legno e ho letto:

OSCAR DE LUCIA, SERGENTE
MORTO IL 13 SETTEMBRE 1915

Le altre croci non recano nomi. Sono fosse collettive. Poveri morti, sepolti in queste impervie e solitarie giogaie! Io porto nel mio cuore la vostra memoria! Ci siamo accovacciati fra i sassi, sotto le stelle. Un ufficiale è passato fra noi e ci ha ordinato di caricare i fucili e di innestare le baionette. Nessuno, per nessun motivo, deve abbandonare il proprio posto!

Alle dieci è incominciata l'azione. Ecco il *pam* secco e fragoroso dei fucili italiani. I fucili austriaci affrettano il loro *ta-pum*. Le «motociclette della morte» incominciano a galoppare. Il loro *ta-ta-ta-ta* ha una velocità fantastica. Seicento colpi al minuto. Le bombe a mano lacerano l'aria. Dopo mezzanotte il fuoco è di una intensità infernale. Razzi luminosi solcano ininterrottamente il cielo, mentre si spara disperatamente su tutta la linea. Raffiche di pallottole scrosciano sulle nostre teste.
— A terra! A terra! — si grida.
Ma io debbo alzarmi per cedere il mio posto a un ferito che ha le braccia

massacrate dallo scoppio di una bomba. Mi chiede con voce lamentosa dell'acqua, ma il soldato portaferiti mi prega di non dargliene. Copro il ferito con la mia coperta di lana. Fa freddo. Dopo mezzanotte una esplosione formidabile ci fa balzare in piedi. Una mina austriaca ha fatto saltare parte del cocuzzolo occupato da un plotone dell'8^ compagnia. Un grande baleno solca il cielo tempestoso e un boato profondo riempie la valle. Passano altri feriti lievi che si recano senza aiuto al posto di medicazione. Il fuoco di fucileria diminuisce. Verso l'alba cessa. La prima notte di vita in trincea è stata movimentata ed emozionante. Di buon mattino, i nostri cannoni tempestano di proiettili le posizioni nemiche. Poi, anche i cannoni tacciono. Nella valle è la nebbia. Sulla cima dove ci troviamo, il sole. Nell'accampamento, il silenzio pieno e pensoso dei soldati all'indomani di una battaglia.

Tra il Monte Nero, il Vrsic e lo Jaworcek

19 Settembre.

Dopo la distribuzione del caffè, adunata. Il maggiore Cassola, comandante del battaglione, ci tiene un breve discorso di saluto e di incoraggiamento. Parole affettuose e toccanti. Vicino al posto di medicazione, dal quale ci parla il maggiore, c'è un ferito con una gamba spezzata da una scheggia di bomba. Faccia serena. Profilo delicato. Chiede un sorso di caffè. Una sigaretta. E lo portano via. Fuoco stracco di fucileria tra le vedette. Nuova adunata. È il capitano della compagnia, Vestrini, che viene a salutarci. Ha la testa fasciata. Stanotte, mentre in piedi da prode e valoroso dirigeva il combattimento, una pallottola nemica lo ha ferito alla faccia. Per fortuna, non è grave. Egli ci dice:

— Il comando del battaglione vi ha destinati alla mia compagnia. Da due giorni voi appartenete a un Reggimento eroico che qui, su queste rocciose cime, ha compiuto gesta memorabili. Queste terre, che erano e sono nostre, le abbiamo riconquistate. Non senza spargimento di sangue. Anche stanotte, una maledetta mina austriaca ha seppellito molti dei miei bersaglieri, ma i nemici l'hanno pagata cara. Le nostre mitragliatrici, come avete sentito, non sono state inoperose. Voi siete qui a compiere il più sacro e il più aspro dei doveri che un cittadino ha verso la patria. Ma io conto su di voi. Siete uomini già temprati alle lotte della vita. Quando sarete amalgamati e affiatati con gli anziani, voi sarete animati dallo stesso entusiasmo e dall'identica volontà di vincere. Voi troverete in me, non solo il superiore, ma il padre e il fratello. Dove potrò agevolarvi, lo farò. Fidatevi di me. Auguri! —

Il capitano ha finito. Le sue parole, franche e commosse, sono scese nel profondo dei nostri cuori. È un uomo che ispira molta fiducia e molta simpatia. Un tenente fa un passo innanzi e grida:

— Bersaglieri dell'ottava compagnia, al vostro capitano Vestrini, hurra!

— Hurra! Hurra! Hurra! — rispondiamo noi, a gran voce.

I portaferiti stanno ora raccogliendo i cadaveri dei soldati caduti stanotte. Sei, finora. Vengono deposti ai margini della mulattiera, nell'attesa di essere identificati e sepolti. C'è fra loro un magnifico tipo di abruzzese, che ho conosciuto ieri. Ha la testa avvolta in un telo da tenda. I morti sono coperti. Non si vedono che le mani irrigidite, nere per il fango della trincea. I soldati anziani passano e non guardano.

Ho notato, con piacere, con gioia, che tra ufficiali e soldati regna la più cordiale *camaraderie*. La vita di rischi continui lega le anime. Più che superiori, gli ufficiali mi appaiono come fratelli. È bello! Tutto il formalismo disciplinare della caserma è abolito. Anche l'uniforme è quasi abolita. Proibito, anche nei ripari, di portare il berretto fez. Abolito il pennacchio tradizionale al cappello. Copricapo di lana, invece, che i soldati fregiano esteticamente di una stelletta. Si può parlare con un ufficiale, senza bisogno di impalarsi sull'attenti. È difficile, in montagna, star sull'attenti... Con questi ufficiali, coloro che parlano di un rafforzamento del militarismo, con la inevitabile vittoria italiana, si divertono a inseguire dei fantasmi. Il militarismo *made in Germany* non ha attecchito in Italia. D'altronde questa guerra, fatta dai popoli e non dagli eserciti di caserma, segna la fine del militarismo di casta o professionale. L'enorme maggioranza degli ufficiali italiani è venuta, con la mobilitazione, dalla vita civile. Tutta l'ufficialità dei subalterni è formata di tenenti e sottotenenti di complemento che si battono e muoiono da prodi.

Alcuni ufficiali mi vogliono conoscere.

Ecco il sottotenente Lohengrin Giraud. Giovane e valoroso. Proposto per la medaglia d'argento al valor militare.

— Ho un nome tedesco, o piuttosto wagneriano — mi dice — ma detesto i tedeschi. — Mi narra. — L'11 settembre, la 3^ compagnia ebbe l'ordine di attaccare il cocuzzolo del Vrsic, di conquistarlo e di gettare in basso, dall'altra parte, gli austriaci. La compagnia era comandata da Umberto Villani. Un audace. Un uomo che non sapeva nè ridere, nè sorridere. Scoccata l'ora, mezzogiorno e dieci, il Villani si lanciò all'assalto fra i primissimi, alla testa del «plotone d'onore» che egli aveva costituito fra i migliori elementi della compagnia. Appena iniziato il combattimento, il Villani che stava ritto in piedi per ordinare la disposizione delle squadre che avanzavano, fu ferito da una fucilata. Non se ne curò. Di lì a pochi minuti, fu abbattuto dallo scoppio di una bomba. Ebbe appena il tempo di gridare: Bersaglieri della settima, avanti! A destra! Stendetevi a destra! Viva l'Italia! È morto. Allora il comando della compagnia fu assunto dal sottotenente milanese Giraud. In piedi, anche lui, ferito anche lui, non però gravemente, incurante del pericolo e della morte, diresse la furiosissima battaglia che durò venti ore. Esaurite le bombe, si ebbe un a corpo a corpo micidiale e indescrivibile. Ma l'azione fu coronata da successo. Gli austriaci furono rigettati dall'altra parte del cocuzzolo. Molti cadaveri nei burroni. Mi piacerebbe di averti nella settima compagnia. —

Tenente Cauda, dei carabinieri, venuto a combattere volontario. È un sardo. Coraggio e sangue freddo eccezionali. Parla lento, all'inglese.

Tenente Corbelli, romagnolo, di Russi.

Una voce:

— C'è qui il bersagliere Mussolini?

— Sono io.

— Vieni che voglio abbracciarti. —

E ci abbracciamo. È il capitano Festa della 10^ compagnia del 157° fanteria, che occupa le nostre posizioni.

— La tua campagna giornalistica per l'intervento onora te e il giornalismo italiano! — aggiunge, alla presenza dei bersaglieri disseminati nei ripari.

— Questa, caro Mussolini, è una guerra terribile. Abbiamo di fronte dei barbari che ricorrono a tutte le insidie... Ma — e si volge anche agli altri — coraggio e, soprattutto, religione del dovere! —

Se ne va. È basso, tarchiato, barbuto. Porta gli occhiali. I suoi soldati parlano di lui con venerazione.

La mia compagnia è comandata ai posti avanzati, di guardia.

Tramonto. Il caporale Claudio Tommei, romano, mi offre un passamontagna e un numero del *Rugantino*. Grazie. Quando, in Italia, si parlava di trincee, il pensiero correva a quelle inglesi, scavate nelle pianure basse di Fiandra e munite di tutto il *comfort*, non escluso, si dice, il termosifone. Ma le nostre, qui, a quasi 2000 metri sul livello del mare, sono ben diverse. Si tratta di buche scavate fra le rocce, di ripari esposti alle intemperie. Tutto provvisorio e fragile. È veramente una guerra di giganti quella che i soldati d'Italia, fortissimi, combattono. Non dobbiamo espugnare delle fortezze, dobbiamo espugnare delle montagne. Qui, il macigno è un arma e micidiale quanto il cannone!

Il vento della sera porta in alto il freddo e il fetore dei cadaveri dimenticati. Notte chiara, di stelle.

20 Settembre.

Appena è giorno, il capitano mi chiama. Vado con lui alla trincea più avanzata.

Riparato da due sacchetti di terra, posso guardare, con una relativa tranquillità, il luogo conteso. È uno spiazzo di forse 150 metri quadrati. Non più. Il «cocuzzolo» ha perso i suoi connotati. È stato spianato, livellato dalle bombe e dalle mine. Macigni frantumati, grossi pali, fili di ferro, stracci di uniforme, zaini, borracce: segni delle tempeste. Gli austriaci sono a trenta metri appena da noi. Non si fanno vedere. Le nostre mitragliatrici non scherzano. Chi si scopre, è fulminato.

Un siciliano coraggiosissimo, tal Failla, sta oltre la trincea e getta bombe. Gli mancano, a un certo punto. Il caporale Morani gliele porta volontariamente. È appena giunto che una bomba austriaca gli cade vicina. Per un momento non lo vedo più. Trepidazione. Ma ecco che si rialza e viene di corsa verso di noi. Mi cade fra le braccia. È soltanto ferito. Ha il volto sporco di polvere e di sangue. Le ferite sono alle gambe. Vuole che io lo accompagni al posto di medicazione. Lo portiamo in barella, io e il portaferiti Greco. Il Morani è calmo, tranquillo. Non un grido, non un gemito. Contegno da vero soldato. Il tenente medico gli fa una prima sommaria medicazione e mi assicura che le ferite non sono gravissime. Ci abbracciamo. Il Morani è portato via in barella, io torno al mio posto. Giunge un ordine scritto: «Il bersagliere Mussolini deve presentarsi, armato, al Comando del Reggimento!»

Zaino in spalla. Un'ora di marcia. La sede del Comando è in una modesta e rozza baracca di legno.

— Prima di tutto — mi dice il colonnello — ho il piacere di stringervi la mano e sono lieto di avervi nel mio Reggimento; poi, avrei un incarico da affidarvi. Voi dovreste rimanere con me. Siete sempre in prima linea, esposto, anche, al fuoco dell'artiglieria. Dovreste sollevare il tenente

Palazzeschi di una parte del suo lavoro amministrativo e dovreste scrivere, nelle ore di sosta, la storia del Reggimento durante questa guerra. È una proposta quella che vi faccio, beninteso; non un ordine! —

Il colonnello Giuseppe Barbieri è un romagnolo, di Ravenna. Ha infatti la «linea» del romagnolo.

Gli rispondo: — Preferisco rimanere coi miei compagni in trincea... —

— E allora non se ne parli più. Accettate un bicchiere di vino. —

Non è buono il vino del colonnello, ma in mancanza di meglio...

Ho chiesto e ottenuto di passare alla 7^ compagnia per essere insieme col tenente Giraud. Alcuni bersaglieri, addetti al Comando, mi manifestano le loro meraviglie per il mio rifiuto.

— Sono alla guerra per combattere, non per scrivere! —

Risalendo il monte, passo vicino alle cucine. C'è un enorme 305^6 non esploso. Poco lungi un cadavere di austriaco, abbandonato. Il morto stringe ancora fra i denti un lembo di bavero della sua tunica che (strano!) è ancora intatta. Ma sotto, attraverso la carne in putrefazione, si vedono le ossa. Gli mancano le scarpe. Si capisce! Le scarpe degli austriaci sono migliori delle nostre. Poco prima di arrivare alla trincea, incontro Giraud col mio nuovo capitano, Adolfo Mozzoni. Gli riferisco il mio colloquio col colonnello. Si congratula del mio rifiuto che giudica nobilissimo.

— Anch'io sono un po' giornalista, — mi dice — e faremo insieme un giornale delle trincee...

21 Settembre.

Sono andato a salutare gli amici dell'8^ compagnia.

Trovo il capitano Vestrini, ferito una seconda volta da pallottola che gli ha attraversato la guancia. Se ne va all'infermeria.

Tornando dal Comando del battaglione, mi consegnano un giornale vecchio di quattro giorni. Posta dall'Italia, niente ancora. Pazienza. Ma un guardafili mi passa una missiva a mano. È la lettera scritta a matita di un soldato, che incontrai per la prima volta durante la marcia verso la linea di fuoco, a Planina Za Plecam. Volle allora che firmassi una cartolina. Si è ricordato di me. È certo Rusconi Francesco, di Lecco, e ora soldato di fanteria. È un documento interessante, nella sua commovente semplicità, e dimostra da quali spiriti siano sorretti gli umili soldati d'Italia. Dice:

«Caro Mussolini, sono un povero operaio soldato. Tratto dagli studi a tenera età per le gravi condizioni di famiglia, venivo posto nella grande fiumana proletaria e da essa coinvolto. Tanto fu il mio dolore a lasciare le scuole elementari; ma il pensiero di portare un non lieve contributo di sollievo alle tristi condizioni della mia famiglia, mi rendeva orgoglioso. Per gli studi, pensavo, dedicherò le ore libere: così feci».

Dopo aver parlato delle lotte fra neutralisti e interventisti, prosegue:

«Poco tempo dopo, era per me l'ora di aggiungere l'opera al pensiero. Son oggi, otto mesi».

Parla del nostro incontro e continua:

«Mi lasciò la sua firma, ma più ancora sento, nel mio cuore e nell'anima mia, una luce viva e un contento che giammai scorderò e che mi accompagneranno fino al compimento del destino della Patria...».

Non è semplice e non è grande il linguaggio di questo ignoto soldato operaio?

È venuto l'ordine di dare il cambio alla 9^ compagnia che occupa uno dei costoni avanzati del Vrsic. Si parte. Marcio in testa alla colonna, insieme col tenente Giraud. Tragitto lungo e faticoso. Attraversiamo due passaggi pericolosi. Nell'uno c'è il pericolo delle mitragliatrici; nell'altro c'è il rischio di essere schiacciati dai macigni che gli austriaci rotolano continuamente dall'alto. Il mio caposquadra è il calabrese Lorenzo Pinna di Nicastro, studente, volontario. Suo padre è un ingegnere del Genio Civile.

— Chi avrebbe mai pensato che mi sarei trovato con Mussolini soldato semplice! Lo scrivo subito a mio padre, che spesso mi parlava di lei. —

Nel primo passaggio scoperto che attraversiamo, molto distanziati gli uni dagli altri e di corsa, c'è il cadavere di un soldato austriaco. È voltato con la faccia contro terra. Rotolando dall'alto, l'uniforme è andata in brandelli. La schiena è nuda e nera come l'inchiostro. Fetore. Il tenente Giraud ci precede sempre. Nelle sue parole, mi sembra di scorgere qualche oscuro presentimento.

— Vedi, Mussolini, qui si può morire e si muore, senza combattere... —

Abbiamo appena occupato il ripidissimo pendio del monte, che una triste notizia si diffonde fra noi. Il tenente Giraud è rimasto ferito gravemente dalla fucilata di una vedetta austriaca, mentre si recava insieme col capitano e il sergente a ispezionare la posizione. La pallottola gli è entrata dalla spalla. Vedo venire verso di me il portaferiti Alberto De Rita che mi dice: — Il tenente Giraud mi manda a salutarvi... —

La notizia ha rattristato profondamente tutti i bersaglieri che amano molto il loro ufficiale e addolora me, in particolar modo.

È sera. Ci stendiamo accanto agli alberi sulla nuda terra. Razzi luminosi e pioggia di bombe.

22 Settembre.

Calma. Qualche cannonata, qualche fucilata delle vedette. Giornata meravigliosa di sole. Il capitano Mozzoni mi chiama alla sua tenda. Trovo con lui il sottotenente Fava, del 27° battaglione. Lunga, amichevole conversazione.

23 Settembre.

Siamo a 1897 metri d'altezza. Il pendio della montagna è del 75-80 %. Una vera parete. Guai a rotolare un sasso! Per salire e scendere ci gioviamo di una corda che, legata agli alberi, va dal Comando della compagnia al posto estremo di collegamento, in fondo valle.

Ieri sera, pioggia eccezionale di bombe. Sono bombe che si annunciano con un sibilo curiosissimo. Quasi umano. Sono lanciate col fucile. Se trovano il terreno molle, non scoppiano. Ma ieri sera sono scoppiate quasi tutte. Nessuno di noi ha potuto chiudere occhio. Un morto e un ferito. Il morto è tal Bertelli, richiamato dell'84, contadino di Migliarino (Ferrara). La bomba gli è scoppiata sopra e gli ha squarciato il petto. Il ferito non è grave.

Si distribuisce la posta.

Il mio compagno di trincea, l'abruzzese Giacobbe Petrella, di Pescasseroli (Aquila), lavora furiosamente di vanghetta e piccozzino per rendere un pochino più solido il nostro riparo. Accanto a me alcuni bersaglieri giocano tranquillamente a sette e mezzo. È quell'indemoniato di Marcanio che tiene il banco. Mi metto a giocare anch'io e perdo. Se non tuonasse il cannone, non sembrerebbe di essere in guerra.

24 Settembre.

Giornata di grande sole. Nel bosco è un lento cadere di foglie.

Si diffondono tra le squadre le prime notizie. Non sono liete. Ieri sera, sull'imbrunire, un richiamato che si recava di *corvée* a prendere il pane, nell'attraversare la solita posizione scoperta, è stato fulminato da una fucilata. Si chiama Biagio Benati, dell'84, ferrarese anche lui.

Vedo passare gli zappatori. Il porta-mensa degli ufficiali, tal Rossi Giuseppe, manca. Ferito? Morto? Disperso? Bombe, bombe, bombe tutta la notte, sino all'alba. Nessun morto, alcuni feriti. Mattinata di sole e di cannoneggiamento. Passa un Taube[7] altissimo. Bianco. A tremila metri.

La posta. Per noi, richiamati dell'84, nulla. È triste!

25 Settembre.

Stanotte dalle 2,30 alle 4,30 sono montato di vedetta per la nostra squadra che si trova a un posto avanzato. Era con me, altra vedetta, Barnini, certaldese. Vero toscano del paese di Boccaccio: ogni parola, due bestemmie. Sono stato con orecchi e occhi spalancati, ma nessuno si è visto. Quattro bombe sono scoppiate a pochi metri dal nostro posto. Veniva dal burrone il tanfo dei cadaveri dissepolti.

Il bel tempo è finito. Ieri, ancora il sole un po' stanco di settembre; oggi la nebbia, la pioggia, il freddo dell'inverno. Turbinìo di foglie che cadono con rumore secco sui nostri teli da tenda. I miei compagni, della prima squadra, Pinna, Perella, Barnini, Simoni, Parisi, Di Pasquale, Bottero, Pecere, accovacciati come me sulla nuda terra, nel cavo di una roccia, dalla quale filtra l'acqua, sono silenziosi. Qualcuno dorme. Piove.

26 Settembre.

Piove sempre. Da ventiquattro ore. Io sento l'acqua fredda che mi lava la pelle e finisce nelle scarpe. Stanotte un nostro posto di collegamento di quattro uomini e un caporale è stato catturato dagli austriaci truccati da bersaglieri. Nessuna nuova del porta-mensa Rossi. Il sergente Simonelli lo dà per disperso. Stanotte nessun ferito. Grazie all'umidità del terreno, poche bombe sono scoppiate. Il capitano Mozzoni, che ha ricevuto in dono due bottiglie di cognac, lo ha fatto distribuire ai bersaglieri. L'atto indica il cuore e la gentilezza dell'uomo.

Mentre scrivo, la pioggia è diventata nevischio che batte sonoramente e rabbiosamente sulla nostra tenda. Il che non impedisce a Pinna e Barnini di intonare una canzone nella quale si parla di una «regina che si vorrebbe incoronare». Romba, a intervalli, il cannone. Ora cantiamo tutti insieme:

E la bandie-era
Dei tre colo-ori
È sempre stata la più bella, bella, bella
Noi vogliamo sempre quella
Noi vogliamo la libertà...

Distribuzione gratuita di tabacco, sigari, sigarette. Parisi m'insegna: «Non bisogna accendere in tre con lo stesso fiammifero. Altrimenti muore il più piccolo dei tre». Superstizioni delle trincee. Accendiamo in due. Fumo.

Come si vive e come si muore nelle linee di fuoco

27 Settembre.
Da ieri mattina non abbiamo in corpo che un sorso freddo di caffè. Piove sempre. Da due giorni, ininterrottamente. Stanotte non ho chiuso occhio. Mi trovavo sotto la tenda con un tal Jannazzone, un contadino del Beneventano, il quale, inzuppato fradicio come me e un po' febbricitante, gemeva:
— Madonna mia bella! Madonna mia bella!
— Basta, basta, Jannazzone! — gli ho detto.
— Non credete in Dio, voi?
Non ho risposto.
Io, invece, ingannavo il tempo, le dodici ore interminabili della notte, rimemorando le poesie imparate nel bel tempo felice e lontano della mia giovinezza. Effetto delle circostanze, la poesia che mi è tornata alla memoria, è *La caduta* del Parini. Strofa a strofa sono giunto sino ai versi:

E il cappell lordo e il vano
Baston dispersi nella via raccoglie.

Poi non mi sono ricordato più.
Cambiamo posizione. Andiamo in fondo valle alle sorgenti dello Slatenik, un torrente che sbocca nell'Isonzo, nella conca di Plezzo. Nei ripari che gli austriaci hanno abbandonato, troviamo un po' più di *comfort*. In questa zona sono ancora visibili i segni della travolgente avanzata degli italiani. Sul terreno tormentato e sconvolto sono disseminati, in disordine, bossoli di proiettili d'ogni calibro, giberne, scarpe, zaini, pacchi di cartucce, fucili, cassette di legno sventrate, tronchi d'alberi abbattuti, reticolati di ferro travolti, scatolette di carne vuote con diciture tedesche e ungheresi, fazzoletti, teli da tenda. Qua e là sono degli austriaci morti e malamente sepolti. Tra gli altri un ufficiale. Qui furono distrutti due reggimenti di bosniaci e erzegovinesi.
La posta: pacchi e lettere, ma per me e per tutti i richiamati dell'84, niente ancora.
Soffia un vento impetuoso e freddo. Distendiamo sui cespugli, al sole, le nostre mantelline e coperte, inzuppate di acqua.

29 Settembre.
Due giorni e due notti di pioggia. Tempesta.
Veniva dal Monte Nero. Sono, siamo fradici sino alle ossa. I bersaglieri preferiscono il fuoco all'acqua. Fuoco di piombo, si capisce. Ma stamani, tepido fa dimenticare le giornate piovose. Lo Slatenik ingrossato urla in fondo al vallone. Si distribuisce la posta. Finalmente, dopo quindici giorni, c'è qualcosa anche per me.

Nel trincerone che occupiamo si può accendere il fuoco. Ogni tenda ha il suo. Qui, l'unico pericolo oltre a quello delle cannonate e delle pallottole vagabonde, è dato dai macigni che rotolano dal Vrsic. Di quando in quando si sente gridare: Sasso! Sasso! Guai a chi non lo evita a tempo!

L'11° bersaglieri è stato rudemente provato, ma il morale dei soldati è eccellente.

Anche i *poilus* [8] dell'84 stanno cambiando psicologia. Diventano soldati. Sembrano già lontanissimi i primi giorni, quando bastava il rombo del cannone, il fischio di una pallottola o la vista di qualche cadavere per emozionarli. Distribuzione di alcuni indumenti invernali. Sono ottimi.

30 Settembre.

Ho portato, poiché li desiderava, alcuni numeri arretrati del *Popolo* al mio capitano Mozzoni. Era aiutante in prima; ha preferito riassumere il comando della compagnia. Uomo che conosce gli uomini, soldato che conosce i soldati. I bersaglieri gli vogliono molto bene. Non ha bisogno di ricorrere a misure disciplinari per ottenere che ognuno adempia il proprio dovere. Mi offre biscotti e tre pacchetti di sigarette. È con lui il tenente Morrigoni, romano, simpaticissimo e fortunato. È giunto, dal 12°, un cadetto destinato al comando del primo plotone della nostra compagnia: Fanelli, di Bari.

Giornata tranquilla.

1 Ottobre.

Piove. Il mio capitano, in un rapporto indirizzato al colonnello, fa vivi elogi del mio spirito militare e della mia resistenza alle prime e più gravi fatiche della guerra.

Verso sera, intenso fuoco di fucileria e di mitragliatrici alle falde del Jaworcek. Che gli altri battaglioni abbiano impegnato un combattimento?

2 Ottobre.

Sono giunti altri ufficiali. I cadetti Barbieri e Raggi. Ora i quadri della nostra compagnia sono al completo.

Gli austriaci bombardano con granate incendiarie il villaggio di Cezzoga.

3 Ottobre.

Il piantone della fureria, Lamberti, mi reca un biglietto del capitano, che dice: «Sarebbe mio desiderio che ai bersaglieri della compagnia fosse espresso nel modo più sentito alla loro anima semplice e buona, il mio vivo compiacimento per la fusione già stabilitasi fra i vecchi e i giovani bersaglieri; ciò che dimostra quale spirito di cameratismo animi il loro cuore. La serena giocondità, il sentimento di disciplina, la disinvolta resistenza ai disagi cui sono sottoposti, vengono da me così apprezzati, tanto da sentirmene fieramente orgoglioso. Tutto ciò è indice di alto sentimento del dovere e dà affidamento della più salda compagine qualora a nuovi cimenti si possa essere chiamati. Al bersagliere Mussolini affido l'incarico di scrivere un ordine del giorno di compagnia che in una sintesi concettosa e bersaglieresca esprima tali miei apprezzamenti, con l'esortazione a perseverare, e con la visione di quegli ideali fulgidissimi di Patria e di famiglia, che costituiranno a suo tempo il premio più sensibile per il sacrosanto dovere compiuto».

Io mi domando: «Ma non è già questo un ordine del giorno bellissimo? Che cosa posso dire, io, di meglio e di più?». Tuttavia, obbedisco. Fra anziani e richiamati, si cominciano a stabilire rapporti di amicizia. Nel primo plotone, di richiamati non ci sono che io. Tutti gli altri sono anziani che si trovano al reggimento dal principio della guerra. Spesso mi raccontano episodi interessantissimi. L'avanzata su Plezzo, le azioni sul Vrsic. I caporali hanno riunito le squadre e leggono l'ordine del giorno.

4 Ottobre.
Cielo stellato sino a mezzanotte. Stamane nevica. Ci esercitiamo al lancio di bombe.

5 Ottobre.
Stanotte sono stato quattro ore di vedetta. Pioveva.

6 Ottobre.
Zaino in spalla! È giunto l'ordine di raggiungere sullo Jaworcek gli altri battaglioni. Ci mettiamo in marcia. Il capitano ci precede. Sosta al Comando del reggimento. Discorso del colonnello, seguito dalla lettura di un lungo elenco di bersaglieri della 7^ proposti per una ricompensa al valor militare.
— Bersaglieri della settima, al colonnello dell'11°, hurrà!
— Hurrà! —
Pulizia al fucile. Distribuzione di scarpe. Durante queste operazioni, faccio la conoscenza di un sergente degli alpini, di Monza, ferventissimo interventista, entusiasta della nostra guerra.
Giunge l'8^ compagnia. Qualcuno mi annuncia che il caporale Buscema è rimasto ferito da una cannonata, il 26 settembre. Il colonnello ripete il discorso ai bersaglieri dell'8^ Crepuscolo. Si parte.

7 Ottobre.
La marcia di stanotte fra tenebre fittissime, per una mulattiera scoscesa e fangosa, entro un bosco, è stata dura.
Parecchie volte i plotoni hanno perso il collegamento. Alcuni bersaglieri sono caduti e non hanno potuto proseguire. Anch'io, come tutti, sono caduto varie volte, ma l'unico danneggiato è l'orologio che porto al polso. Non va più. Dieci ore di marcia. Siamo giunti alle due del mattino. Per fortuna, non pioveva e c'erano le stelle. Ci siamo rintanati fra i macigni, nell'attesa dell'alba.

8 Ottobre.

Sveglia alle cinque. Ci spostiamo verso l'alto di un altro centinaio di metri. Ci troviamo sotto una delle pareti ripidissime del Jaworcek. Dalla cima le vedette austriache sparano continuamente. Mi metto a lavorare accanitamente di vanghetta e piccone, per farmi un buon riparo. Petrella mi aiuta. Ritrovo il tenente Fava che mi presenta al capitano della sua compagnia, Jannone. Gli amici degli altri battaglioni, appena saputo del nostro arrivo, mi vengono a cercare. Rivedo il caporal maggiore Bocconi, barbuto e un po' dimagrito, il caporal maggiore Strada, ex vigile milanese, sempre pieno d'entusiasmo; il caporale Corradini che mi racconta la straordinaria avventura toccatagli. Doveva andare di guardia, con una squadra, al quarto boschetto. Giunto a un passaggio obbligato e scoperto, sul quale gli austriaci rotolavano continuamente sassi e macigni, il Corradini, volendo appunto evitare un macigno, mise un piede in fallo e rotolò giù, in fondo al burrone. Una notte intera rimase laggiù, nel fango, sotto la pioggia, ritenendosi ormai perduto.

— Fu il pensiero della mia piccina, che mi diede il coraggio — egli mi dice.
— A giorno fatto, risalii il pendio del monte. Nella caduta avevo perso tutto: zaino, fucile, mantellina. Giunsi a un piccolo posto di fanteria. La vedetta mi intimò l'*alt*. Quando il caporale del piccolo posto mi ebbe riconosciuto come appartenente all'esercito italiano, mi lasciò passare. Potei riguadagnare, sano e salvo, la mia compagnia. —
Ecco Rampoldi, ex cuoco del Restaurant Casanova. Lo chiamavamo Rampoldo, Rampoldino...
Ritrovo ancora vivi e in gamba i milanesi Spada, Frigerio, Sandri. Viene anche a trovarmi, per conoscermi, il caporale Giustino Sciarra, di Isernia. Ha una curiosa barbetta a punta, rossigna. Cordialità, simpatia, auguri. Si parla di un'avanzata imminente.

9 Ottobre.

Dormito profondamente tredici ore. La stanchezza è passata. C'è un ferito dell'8^ compagnia che viene portato in barella. Una pallottola lo ha colpito mentre si scaldava al fuoco. Canticchia e urla. Gli scelti tiratori austriaci sparano sempre. Un forte gruppo di ferraresi viene alla mia tenda e mi prega di porgere un saluto collettivo da mandarsi a un giornale di Bologna. Fatto.
Corvée di riattamento alla mulattiera. Il caporale milanese Bascialla, ch'è stato stanotte di guardia ai posti più avanzati, mi narra un episodio singolare. Si è trovato, in un riparo, accanto a un bersagliere che pareva dormisse. Egli ha provato a chiamarlo. A richiamarlo. A scuoterlo. Non rispondeva. Non si muoveva. Era morto. Il Bascialla ha passato tutta la notte accanto al cadavere.
Ore quindici. Raffica di artiglieria austriaca. Crepitio di proiettili. Schianto di rami. Turbine di schegge. Un grosso ramo, stroncato da una granata, si è abbattuto sul mio riparo. Ci sono due feriti nella mia compagnia. Passa un

morto del 39° battaglione. Un altro morto degli Alpini. Il bombardamento è finito. È durato un'ora. I bersaglieri escono dai ripari. Si canta.

Lunga conversazione col capitano Bono della 4^ compagnia. Argomento: i colpi di scena balcanici. Il capitano Bono è un ingegno versatile e di vasta cultura. Non dimenticherò il tremito della sua voce quando, me presente, essendogli giunto uno di quei moduli speciali coi quali si chiedono ai Reparti notizie di militari, dovette scrivere la parola: morto!

Sera di calma. Qualche fucilata solitaria delle vedette fischia di quando in quando nella boscaglia.

10 Ottobre.

Mattinata meravigliosa di sole. Orizzonte limpidissimo.

Si ordina la statistica dei caricatori. Ogni soldato deve averne 28.

Ore dieci. Uno shrapnel è passato fischiando sulle nostre teste. In alto. Non trascorrono cinque minuti, che un secondo shrapnel scoppia con immenso fragore a tre metri di distanza del mio ricovero, a un metro appena dalla tenda del mio capitano. Ero in piedi. Ho sentito una ventata violenta, seguita da un grandinare di schegge. Esco. Qualcuno rantola. Si grida: Portaferiti! Portaferiti! Sotto al mio ricovero ci sono due feriti che sembrano gravissimi. Un grosso macigno è letteralmente innaffiato di sangue. Gli ufficiali sono in piedi che impartiscono ordini.

— Le barelle! Le barelle! —

I feriti sono molti e bisogna chiedere le barelle alle altre compagnie del battaglione. Ci sono anche dei morti: due. Uno è Janarelli, l'attendente del tenente Morrigoni. Una palletta di shrapnel gli è entrata dal petto e gli è uscita dalla schiena. Gliel'hanno trovata fra la pelle e il farsetto a maglia.

— Tenente, mi abbracci! — ha detto Janarelli. — Per me è finita! — Vedo il tenente Morrigoni, con gli occhi luccicanti di lacrime.

— Era tanto bravo e tanto buono! —

Lo Janarelli sembra dormire. Solo attorno alla bocca c'è una grossa rosa di sangue.

L'altro è un richiamato dell'84. Una scheggia gli ha spezzato il cranio. Una riga rossa gli divide a metà la faccia. I feriti sono nove, dei quali tre gravissimi e due disperati.

— Zappatori, in rango con le vanghette. —

Gli zappatori si riuniscono coi loro strumenti. Adagiano i morti su barelle fatte con rami d'albero e sacchi e se ne vanno. Qui non si può fare un cimitero. Bisogna seppellire i caduti qua e là, nelle posizioni più riparate. L'emozione della compagnia è stata fugacissima. Ora si riprende il chiacchierio. Si fischierella. Si canta. Quando lo spettacolo della morte diventa abitudinario, non fa più impressione. Oggi, per la prima volta, ho corso pericolo di vita. Non ci penso.

Dopo un mese mi lavo e mi pettino.

Passa il tenente Francisco della 15^ compagnia che mi racconta:

«Ieri sera gli austriaci hanno inscenato una dimostrazione antitaliana. Hanno cantato in coro il loro inno nazionale. Poi hanno gridato: Kicchirichi, kicchirichi! Bersaglieri dell'11°, vi aspettiamo! Alla fine, una voce di ufficiale ha urlato al megafono: Italiani farabutti, lasciateci le nostre terre!».

11 Ottobre.
Meravigliosa mattinata di sole.
Il secondo, il terzo, il quarto plotone della mia compagnia, levano le tende e si spostano per essere defilati dai tiri degli shrapnel. Noi restiamo al nostro posto. Passa un morto della 13^ compagnia. Bombardamento di un'ora a shrapnel.
La vita in trincea è la vita naturale, primitiva. Un po' monotona. Ecco l'orario delle mie giornate. Alla mattina non c'è sveglia. Ognuno dorme quanto vuole. Di giorno non si fa nulla. Si può andare, con rischio e pericolo di essere colpiti dall'implacabile «Cecchino», a trovare gli amici delle altre compagnie; si gioca a sette e mezzo o, in mancanza di carte, a testa e croce; quando tuona il cannone, si contano i colpi. La distribuzione dei viveri è l'unica variazione della giornata: di liquido, ci danno una tazza di caffè, una di vino e un poco di grappa; di solido, un pezzo di formaggio che può valere venti centesimi e mezza scatoletta di carne. Pane buono e quasi a volontà. Di rancio caldo, non è questione. Gli austriaci, tempo fa, hanno bombardato coi 305 le cucine e hanno fatto saltar per aria muli, marmitte e cucinieri.
C'è un'ora nella giornata, che i bersaglieri attendono sempre con impazienza e con ansia: l'ora della posta che comincia a giungere regolarmente. Ci pensa Jacobone, per il Reggimento. Nostro postino è il calabrese Suraci. Quando si grida «posta!», tutti escono dai ripari e si affollano attorno al distributore. Nessuno pensa più alle fucilate e agli shrapnel.
Ho scritto una lettera per Jannazzone e una per Marcanico. Non si negano questi favori a uomini che possono morire da un momento all'altro. La fidanzata di Marcanico si chiama Genoveffa Paris. Questo nome mi riporta, chissà perchè, al tempo dei «Reali di Francia».

12 Ottobre.
Sole pallido. Pulizia al fucile. Poi, non c'è nulla da fare. Passano i soliti feriti.
C'è il bersagliere Donadonibus che si spidocchia al sole.
— Cavalleria, a destra! Cavalleria, a sinistra! — grida e ride, di un riso che sembra quello di un uomo completamente felice. Pioggia e pidocchi, ecco i veri nemici del soldato italiano. Il cannone vien dopo.
Uno dei feriti dello shrapnel è morto prima di arrivare all'infermeria reggimentale. Altra notizia triste: la fucilata di una vedetta ha colpito a morte tal Mambrini, mantovano, mentre stava lavorando a fortificare il suo riparo.
La guerra di posizione esige una forza e una resistenza morale e fisica grandissime: si muore senza combattere!

13 Ottobre.

Stanotte, sulle 23, improvviso e intensissimo fuoco di fucileria e di mitragliatrici ai nostri avamposti. Siamo balzati dai nostri ripari. Un quarto d'ora di fuoco e poi quiete sino all'alba.

Mattinata grigia. Vado di *corvée* con la mia squadra e mi carico di un sacco di pane. Passa un morto del 39° battaglione, colpito da fucilata e da sassata. Si diffonde, tra le squadre, la notizia che presto ci sarà l'«azione». La notizia non deprime, ma solleva gli animi. È la prolungata inazione che snerva il soldato italiano. Meglio, infinitamente meglio, *al* fuoco, che *sotto* al fuoco. I bersaglieri sono desiderosi di vendicare i compagni caduti a tradimento.

Vicino a me si canta. È un inno bersaglieresco:

Piume, baciatemi
Le guance ardenti.
Piume, riditemi
Di gioia e canti;
E ripetetemi:
Avanti! Avanti!

Guerra in montagna, tra la neve e il fango

14 Ottobre.

Stamane, solito passaggio di feriti non gravi. Le vedette austriache, implacabili, non cessano un minuto solo di sparare.

Ore quindici. L'artiglieria austriaca, dal Lipnik, io credo, comincia a bombardare la nostra posizione. Venti colpi da 280 che scoppiano in fondo valle. Quattro non scoppiano. Grida di gioia e di scherno partono dai nostri ripari. Cessa il 280 e comincia il cannoncino. Lo chiamiamo così, col vezzeggiativo, perchè, sparando quotidianamente ci è diventato ormai familiare; ma si tratta di un cannone da montagna da 75. E credo che ce ne sia più d'uno. Quasi tutti gli shrapnel battono la zona occupata dal nostro battaglione. Ci mettiamo in quattro, testa a testa, contro un grosso tronco d'albero che ci ripara magnificamente. È con noi un alpino sorpreso dalla raffica mentre andava a prendere acqua. Scrosciano le pallette, cadono le ramaglie, turbinano le foglie. È finita. Troviamo qualche palletta, qualche scheggia ancora calda. Adesso sono i nostri cannoni che cominciano a sparare.

Gli austriaci tacciono. Allegria, per noi. Passano tre feriti, di cui uno solo relativamente grave, perchè ha una gamba spezzata. In fondo valle, il 280 ha fatto qualche vittima. Ci sono alcuni morti, fantaccini e bersaglieri, dei «posti di collegamento».

Serata di calma. Qua e là si levano delle voci che cantano. Ma non sono canzoni del repertorio patriottico. Sono del repertorio soldatesco e popolare. Bisogna distinguere. Salvo una che ha un ritornello che dice:

Trento e Trieste
Ti renderò

le altre canzoni sono ben lontane dagli avvenimenti attuali. L'immortale *Violetta* tiene ancora il primo posto.

E la Violetta
La va, la va...

Alcuni, che devono essere reduci dalla Libia, cantano invece:

Da Tripoli a Gargaresch
Si marcia in ferrovia...

E non manca la canzonetta scollacciata, anzi oscena:

Osteria numero uno...

Dammela a me biondina
Dammela a me biondaaaa...

Il soldato italiano è allegro, particolarmente quando non piove. E anche quando piove, accetta la bagnura con molta filosofia.

15 Ottobre.
Notte di burrasca. Il vento mugghiava dal Monte Nero alla Conca di Plezzo e andava a schiantarsi contro la parete altissima e già bianca del Rombon.
Mattinata grigia, incerta. Passano due bersaglieri morti. Devono essere caduti stanotte ai piccoli posti. Noi li vediamo passare, portati dai portaferiti e seguiti dagli zappatori che devono scavare la fossa. Nessuno di noi domanda chi siano. Si preferisce ignorare. Alcune ore di lavoro per riaccomodare il nostro il riparo, sconquassato dalla tempesta di stanotte. Fuoco stracco di fucileria tra le vedette. Uno dei nostri spara con un fucile austriaco.
Tutte le mattine, al momento della distribuzione del caffè, sorgono discussioni e battibecchi fra bersaglieri e bersaglieri e soprattutto fra bersaglieri e caporali. Strano! Sono uomini che potrebbero morire da un momento all'altro e si bisticciano per un sorso di caffè. Ma il fatto si spiega: anzitutto il caffè è l'unico liquido che il soldato desideri e beva con piacere e vantaggio; poi, nessuno crede di dover morire e infine per un senso profondo di giustizia distributiva. Quando le razioni non sono uguali per tutti, si grida: Camorra! Non fare camorra!
Purtroppo la camorra, nel senso soldatesco della parola, c'è. Al soldato che sta nelle prime linee, e dovrebbe essere «sacro», non giunge che la minima parte di ciò che gli spetta. Caffè, cioccolata, vino, grappa passano per troppe mani di conducenti, caporali, piantoni. La camorra sembra essere un fatto normale, ma irrita grandemente i soldati, specie in guerra. C'è il caso di sentirli dire: Governo ladro! La camorra finisce per esercitare influenza deprimente su quello che si chiama il «morale delle truppe». Io penso che se, per rendere contenti questi soldati, occorre eliminare gli abusi della piccola camorra e distribuire razioni abbondanti e giuste di caffè, il problema è di facile soluzione. Importate, se occorre, tutto il caffè del Brasile...
Sono giunti gli elmetti per gli shrapnel. Sei per compagnia, finora. Recano sul davanti queste due iniziali R. F.: Republique Française.
L'11° bersaglieri è il reggimento italiano per eccellenza. Tutti o quasi i distretti d'Italia vi sono rappresentati. C'è qualche sardo, ci sono dei siciliani di Cefalù, dei calabresi, dei pugliesi di Bari e Lecce, degli abruzzesi di tutte e quattro le provincie, dei napoletani di Napoli e Caserta, dei romani, dei toscani di Siena, Firenze, Massa-Carrara, dei marchigiani di Ancona, Ascoli-Piceno, Pesaro, degli emiliani di Ferrara, dei lombardi di Milano, Brescia, Cremona, Bergamo, Lecco. Sondrio, Mantova; dei veneti di tutte le provincie, a eccezione di Udine e Belluno.
In guerra, si disprezza il denaro. Chi ne ha, lo manda a casa. Non si sa

nemmeno come spendere la cinquina. C'è il vivandiere, ma sta molto lontano e non ha che delle scatole di sardine. Giunge di notte e di giorno se ne va. Il valentuomo ha paura delle granate e degli shrapnel. Se io fossi nel colonnello, lo costringerei a rimanere con noi in prima linea.

16 Ottobre.
Notte eccezionalmente calma. Anche la vedetta austriaca ha riposato. Niente *ta-pum*. Stamani, sole. Passano sulle nostre teste (in alto, molto in alto) dei proiettili d'artiglieria, ma non si capisce da dove vengano, nè dove siano diretti. Il tenente Morrigoni, di complemento, mi annuncia la sua promozione a capitano, di complemento. Lascerà la compagnia. Il tenente Fanelli se ne va all'infermeria. Ha i piedi rovinati dal freddo e dall'umidità. Due feriti di pallottole. Distribuzione di cioccolato, mandato da un ignoto amico.
— C'è qualcuno che si ricorda di noi! —
La *Libera Stampa* di Locarno mi giunge con un articolo dedicato alla memoria di Giulio Barai, caduto sul campo di battaglia. Povero ed eroico amico! I superstiti, fra noi, ti ricorderanno sempre!
Cader prigionieri in mano agli austriaci: ecco un'eventualità che spaventa i miei commilitoni.
— Piuttosto morire! — dicono tutti.
Questo spiega il numero esiguo di prigionieri italiani fatti dall'esercito austriaco. Quelli del nostro reggimento non arrivano alle decina e sono stati sempre colti di sorpresa.
Qui, nessuno dice: Torno al mio paese!. Si dice: Tornare in Italia. L'Italia appare così, forse per la prima volta, nella coscienza di tanti suoi figli, come una realtà una e vivente, come la Patria comune, insomma.

17 Ottobre.
Domenica. La mattinata si annuncia calma. C'è in alto un sole meraviglioso. Ma, improvvisamente, verso le nove, un proiettile da 280 austriaco, passa sulle nostre teste, col suo sibilo feroce. Scoppia lontano, giù, verso lo Slatenik. Di lì a poco, un secondo colpo, accorciato. Un terzo, 200 metri più giù dal posto che occupiamo. Un quarto, dietro noi. Gli austriaci tirano a caso. Battono la zona. «Tiro di sfottimento» come lo chiamiamo noi. Ecco il sibilo del sesto colpo. Lo sento sopra di me. Vicino, vicino, vicino, a sessanta centimetri passa sopra le nostre teste. Io e Petrella siamo immobili, a terra. Il minuto d'attesa ci è parso lunghissimo. Il proiettile è scoppiato a meno di tre metri dal punto in cui ci troviamo. Con la sola corrente d'aria ha scoperchiato tutto il nostro riparo. Detonazione formidabile. Grandinare di schegge enormi e di sassi. Un albero è stato sradicato. Alcuni macigni frantumati. Ci troviamo letteralmente coperti dalla testa ai piedi di terriccio, sassi e ramaglie.
— Sei vivo?

— Vivo!

La cinghia del mio fucile è stata tagliata nettamente da una scheggia. Gavetta e tascapane sono crivellati di proiettili. Il fucile di Petrella ha la cassa spezzata. Tutti gli alberi vicini presentano la corteccia lacerata. Noi siamo miracolosamente incolumi.

Passa di corsa da un riparo all'altro l'attendente del maggiore Cassola, il milanese podista Terzi, il quale grida: Bersaglieri del 33°! Ordine del maggiore, ritirarsi armati sotto al costone!

Obbediamo. Tutto il battaglione è, ora, riunito sotto una roccia al riparo dei colpi del 280. Passo dinanzi al comando del battaglione. C'è il maggiore, il capitano Mozzoni, il capitano Vestrini. Ho la faccia nera di terriccio.

— Che cosa ti succede, Mussolini? — mi domandano. — L'ultimo 280 mi è scoppiato vicino.

— L'hai scampata bella... — Per la seconda volta, a distanza di sette giorni, ho corso serio e immediato pericolo di vita. Bastava che il proiettile fosse scoppiato soltanto un passo indietro, per ridurmi a brandelli.

Jannazzone mi dice: Si fussi in voi, porterei un cero a Montevergine!

Il bombardamento non è continuato. Il mio, è stato l'ultimo colpo. Ritorniamo ai nostri ripari. Nel pomeriggio calmo, molti si fermano a osservare la buca enorme, prodotta dallo scoppio del 280. Io trovo una scheggia ancora tepida che peserà un paio di chilogrammi. La metto fra i miei cimeli di guerra. L'artiglieria di grosso calibro fa meno vittime, forse, di quella di medio e piccolo calibro, ma esercita una influenza deprimente sullo spirito dei soldati. Il soldato di fanteria si sente disarmato, impotente contro il cannone. Quando l'artiglieria batte le nostre posizioni, ognuno di noi è come un condannato a morte. Il sibilo annuncia il proiettile e ogni soldato si domanda: Dove scoppierà?. Contro il cannone non c'è alcuna difesa possibile, all'infuori di quella costituita dai ripari che sono poco profondi e pochissimo consistenti. Si tratta di sassi ammucchiati insieme con zolle di terra. Bisogna restare immobili, contare i colpi e attendere che il bombardamento finisca. Per un'altra ragione il cannone impressiona il soldato, ed è il genere di ferite ch'esso produce. Le pallottole di fucile o di mitragliatrice non straziano, come un proiettile di cannone.

C'è un morto: un caporal maggiore degli zappatori del 27° battaglione. Un milanese, a quanto mi dicono. È stato decapitato da una scheggia del 280. Verso sera vado a cercar dell'acqua e passo accanto al luogo dove l'hanno sepolto. È in un angolo, sotto una roccia, vicino a un *tourniquet* della mulattiera. Sulla croce, sotto al nome e cognome, c'è un'epigrafe breve e affettuosa. Era un valoroso. A piè della croce ci sono alcune cartoline illustrate. Sulla terra fresca, qualcuno ha sparso delle foglie.

Alle Casette (si tratta di due capanne di legno) ritrovo il caporal maggiore milanese Garbagnati. È addetto ai viveri. Mi offre da bere. C'è una colonna di muli che arrivano. Si sentono da lontano, per il batter dei ferri sui ciottoli del sentiero. Serata tranquilla.

18 Ottobre.

Notte calma. Mattinata di sole. Nel pomeriggio comincia la sinfonia dei nostri cannoni. Sparano da tutte le cime. Noi ignoravamo l'esistenza di tante batterie. Ecco i 75 nostri. Hanno un sibilo e uno scoppio secco e rabbioso. I 149 sono imponenti. La detonazione dei loro proiettili è quasi gioviale, nella sua profondità. I 210 hanno un boato breve e sordo. Poi, c'è il nostro simpaticissimo 305. Vien di lontano, di là dai monti, come un pellegrino. Passa sulle nostre teste lento e solenne. Lo si può seguire con l'udito lungo il tragitto. Il colpo di partenza non si sente, tanto è lontano, ma sentiamo quello d'arrivo. Lo scoppio di un 305 italiano fa tremare la montagna. Se l'artiglieria nemica deprime, l'artiglieria nostra solleva. Quando i nostri cannoni sono in funzione, i bersaglieri si danno alla pazza gioia. Girano da riparo a riparo, fischiano, cantano. Accompagnano i proiettili con grida, con auguri. Il soldato di fanteria non ha che un desiderio: quello di sentir sempre la voce dei nostri cannoni, sempre, di notte e di giorno. Quando sono i cannoni austriaci che sparano e i nostri tacciono, i bersaglieri impazienti... protestano contro la nostra artiglieria che... risparmia le munizioni. L'azione della nostra artiglieria è durata un paio d'ore.

Passano delle *corvées* cariche di munizioni. Ci sono delle casse di bombe sulle quali sta scritto: *Haut, Bas, Eviter les chocs.* L'*avanzata* sembra imminente. Sintomatico! I bersaglieri non dicono: combattimento, azione, battaglia; no: dicono: *avanzata.* Sembra, per loro, già assiomatico, intuitivo, necessario che una battaglia nostra debba risolversi in un'avanzata. Non è sempre così. Ma l'uso generale e unico di questo vocabolo è un altro sintomo dello spirito di aggressività che anima i soldati italiani e della loro certezza di vincere.

Ciò che più mi ha stupito e commosso in questo primo mese di trincea, è lo stoicismo incredibile di cui danno prova i soldati italiani feriti.

Il mio riparo è sulla mulattiera. Ho... la finestra sulla strada. Tutto passa sotto i miei occhi. Ho visto decine e decine di feriti. I lievi, quelli colpiti a un braccio, per esempio, vanno all'infermeria da soli. Qualcuno, che pur aveva le carni lacerate da schegge di proiettili, fumava tranquillamente una sigaretta. Non un lamento. È straordinario! È ammirevole! Un mantovano, con un braccio quasi tagliato da una scheggia, si reca da solo al posto di medicazione. E dice al tenente che si affretta attorno a lui, per la medicazione: Tenente, tagli il resto! E mi faccia dare un po' di pagnotta!

Questo stoicismo è il prodotto dell'atmosfera in cui si vive. Nessun soldato ferito vuol mostrarsi debole e pauroso del proprio sangue, dinanzi ai compagni. Non solo. C'è una ragione più profonda. Non si geme per una ferita, quando si corre continuamente il rischio di morte. La ferita è il meno peggio. Comunque, il silenzio superbo di questi umili figli d'Italia dinanzi al dolore della carne straziata dall'acciaio rovente, è una prova della magnifica solidità della nostra stirpe.

19 Ottobre.

Notte agitata. Bombardamenti lontani e profondi. Dicono che è in direzione di Tolmino e Gorizia. L'«azione» sembra fissata per domani.

Sole. Comincia il concerto maestoso, formidabile delle nostre artiglierie. Chi sta, anche per una giornata sola, sotto il bombardamento di un centinaio di cannoni che sparano simultaneamente, riporta una impressione indimenticabile, sbalorditiva. Alla sera, si è intontiti. I nervi non rispondono più.

Alcune voci del gergo di guerra, in voga nel mio reggimento:

scalcinato = soldato debole

baule = cretino

fifa = paura

svirgola = cannonata

omnibus = proiettile da 305

pizzicare = ferire

spicciarsela = trovarsi nell'imbarazzo

pallottola intelligente = pallottola che ferisce soltanto

pipa = rimprovero

girare la matricola = idem

far scrivere a casa = togliere qualcosa a un soldato

far fesso = idem

far camorra = farsi la parte del leone

essere fuori uso = inabile alle fatiche di guerra

marcar visita = recarsi dal medico

vedere il mago = rimanere indietro

avanzare verso le cucine = retrocedere

tagliar la corda = fuggire

portare a casa la ghirba = tornare a casa sano e salvo

È giunto il colonnello. Anche Padre Michele, il cappellano del reggimento, è arrivato. Ma gli scotta il terreno sotto i piedi.

Ieri sera sono stato di *corvée*. Mi sono successivamente caricato di cento sacchetti vuoti che dovranno poi, riempiti di terra, servirci per i nostri ripari; di una cassa di bombe e di uno scudo d'acciaio che d'ora innanzi proteggerà coloro che devono tagliare i reticolati. Ma pesa molto: tredici chilogrammi e mezzo. Finito di lavorare a mezzanotte. Stanchissimo.

Il fuoco di fucileria degli alpini sul Vrsic mi ha svegliato verso l'alba. Tuonano i nostri cannoni, ma l'attacco, si dice, è rinviato a domani.

Le nostre truppe avanzano su Riva e oltre Monfalcone

21 Ottobre.

Ieri gli austriaci hanno sparato sui portaferiti che passavano per la mulattiera in fondo alla valle. Un portaferiti è stato mortalmente colpito. È nella zona di Tolmino Monte Nero che romba che stamani più profondamente il cannone. Fra un'ora dovrebbe iniziarsi l'azione del nostro reggimento. Il mio battaglione è di «rincalzo» fra il 27° e il 39°. Il capitano mi ha proposto con motivazioni assai lusinghiere per la promozione a caporale. Mezzogiorno. Una voce ci grida, dall'alto: Tutti nei ripari!

Io tardo un poco, ma due granate che sfiorano il nostro riparo mi spingono nella tana. S'inizia il concerto delle artiglierie. Ore lunghe di attesa e di immobilità. I nostri cannoni tuonano sempre per proteggere l'avanzata di alcune squadre del 27° battaglione. Ore cinque. Usciamo dalla buca, a dispetto del solito cannoncino austriaco che ci batte a shrapnel. Passano, nel crepuscolo, i feriti dell'«azione». Un sergente è il primo. Vengono due capitani: il Morozzo e il Mirto. Quest'ultimo ha la testa bendata. Passa fumando, tranquillamente, una sigaretta. Il 39° battaglione ha avuto 54 feriti e nemmeno un morto. Intanto gli austriaci hanno incendiato il «boschetto» per impedire la nostra avanzata. Le fiamme altissime arrossano l'orizzonte.

22 Ottobre.

Tre mine di proporzioni colossali sono state fatte scoppiare dagli austriaci sulla cima dell'Jaworcek, sollevando un turbine di macigni e di sassi. Nessuna vittima.

Oggi, secondo giorno dell'azione. Tuonano sempre i cannoni. Alla nostra sinistra, sul Piccolo Jaworcek, fuoco vivissimo di fucileria.

23 Ottobre.

Ieri sera, a notte fatta, quattro colpi da 280. Poi, a due riprese, fuoco intenso di fucileria austriaca e di cannoni di piccolo calibro. Dopo, durante la notte, calma. La Divisione ha mandato un fonogramma d'augurio all'11° bersaglieri, nella ricorrenza, tragica e gloriosa a un tempo, di Sciara Sciatt. Il mio vice-squadra Mario Simoni, di Camerino, che si trovava in Libia ed era attendente del colonnello Fara, mi racconta spesso come si svolse l'episodio di Sciara Sciatt.

Circa i risultati della nostra «azione» non sappiamo nulla di preciso. È rimasto ferito il tenente colonnello Albarelli. Passa, fasciato al capo, il caporal maggiore Corradini. Non è grave. Ecco due morti, vittime del 280. Uno di essi è ridotto un informe ammasso, avvolto in un telo di tenda. Comincia in questo momento, ore dieci, la quotidiana sinfonia dei nostri cannoni. Volo basso di corvi. Nel pomeriggio, gli austriaci hanno bombardato per tre ore la posizione occupata della mia compagnia. Sono gli incerti dei «rincalzi». Ci siamo «ingrottati» in tempo. Alcuni feriti.

Non comprendo perchè si faccia una distribuzione quotidiana di grappa ai soldati. In quantità minima, è vero, ma si dà ai soldati una pessima abitudine. Il sorso d'oggi predispone al bicchierino di domani. Inoltre, c'è chi riesce qualche volta a berne troppa e offre una spettacolo poco edificante. L'unica punizione che sia a mia conoscenza è stata inflitta appunto a un caporale che, avendo abusato di grappa, è stato retrocesso.

La nostra guerra, come tutte le altre, è una guerra di posizioni, di logoramento. Guerra grigia. Guerra di rassegnazione, di pazienza, di tenacia. Di giorno si sta sotto terra: è di notte che si può vivere un po' più liberi e tranquilli. Tutta la decorazione della vecchia guerra è scomparsa. Lo stesso fucile sta per diventare inutile. Si va all'assalto di una trincea con le bombe, con le micidialissime granate a mano. Questa guerra è la più antitetica al «temperamento» degli italiani. Eppure con le nostre meravigliose facoltà di adattamento ci siamo abituati alla guerra delle trincee, alla guerra del fango, dell'insidia continua, che pone il sistema nervoso a una prova durissima. È straordinaria la resistenza ai disagi e al freddo dell'alta montagna, in uomini che vengono da paesi dove non nevica mai! Molte volte ho sorpreso nei discorsi dei miei commilitoni questa affermazione: Se fossimo in pianura e in campo aperto, gli austriaci sarebbero presto spacciati!

24 Ottobre.

Notte di calma assoluta.

Mattinata deliziosa di sole. Il primo colpo di cannone è italiano. È finita l'azione? Non ne so nulla. Il Rampoldi, passando dalla mia trincea, mi dice che alcuni dei nostri reparti sono giunti sino al cimitero degli ufficiali austriaci, ma non mi sa dire se ci siano restati. Non tarderò a saperlo, perchè il nostro battaglione darà fra poco il cambio al 39°. Anche il pomeriggio è calmo. Sono chiamato alla tenda del tenente Giuseppe Pianu, comandante interinale della 82^ compagnia alpini che sta per ritirarsi a quota 1270.

Il Pianu è un sardo e non gli mancano le qualità fisiche e morali dei sardi. Nella tenda ci sono altri ufficiali. Fra gli altri il sottotenente medico Scalpelli. Chiacchiere. Posiamo tutti insieme per un gruppo fotografico. Io tengo, nella destra, una bomba. Il Pianu, ufficiale valorosissimo, mi narra episodi ignoti o poco noti delle prime avanzate italiane nella zona del Monte Nero. Accetto il suo invito e resto a cena con lui e con gli altri. Menu da grande ristorante: risotto, carne arrosto, frittata, frutta, dolce. Vini: Chianti da pasto e Grignolino in bottiglie. È la cena di commiato. Gli alpini, che si sono preparati silenziosamente alla partenza, sfilano già per la mulattiera. Pianu fa levare la sua tenda. Ci salutiamo con fraterna cordialità.

25 Ottobre.

Cielo di tempesta. Il sole non riesce a rompere la cortina di nuvole che nasconde il Monte Nero. Ecco: gli austriaci ricominciano a bombardarci.

Sono in funzione cannoni di molti calibri: 65, 75, 155, 280. Nel pomeriggio un colpo solo di cannone ha ucciso quattro dei nostri. Ordine di levare le tende e di occupare la posizione tenuta dalla 9^ compagnia che va agli avamposti.

26 Ottobre.
Ci siamo spostati di alcune decine di metri, a destra, in alto. Siamo ora a quota 1300 circa. Il mio riparo è molto meno solido di quello che ho abbandonato. Inutile fortificarlo: non resteremo qui che due o tre giorni,

27 Ottobre.
Nevica. La neve filtra dal nostro riparo, dove siamo in cinque. Accendiamo il fuoco. Ora è permesso. Ma il fumo ci acceca. Il cannoncino inizia la sua solita quotidiana sfottitura. Totale: colpi 50 a shrapnel. Tiro stracco e inefficace. Alcuni feriti. Il 4° plotone della nostra compagnia si è recato di guardia agli avamposti.

28 Ottobre.
La nostra artiglieria bombarda le posizioni degli austriaci. Giunge una triste notizia. Il nostro plotone di guardia è stato provato duramente dall'artiglieria austriaca.

29 Ottobre.
Neve in quantità. L'aspirante ufficiale Raggi è venuto nel mio ricovero e mi ha parlato dell'episodio di ieri. Egli è rimasto miracolosamente incolume. Gli austriaci prodigano le cannonate, anche quando il bersaglio è costituito da un soldato solo e non meriterebbe uno spreco di munizioni. Fatto è che gli austriaci hanno sparato 47 colpi da 75 contro un riparo dove stavano rannicchiali cinque bersaglieri e l'aspirante Raggi. La penultima cannonata è stata micidiale. Uno dei bersaglieri ha avuto braccia e gambe spezzate. Un altro è stato ferito meno gravemente. Infine, il caporal maggiore Camellini, della classe dell'84, ha avuto un braccio nettamente asportato da una scheggia. Solo ieri sera, dopo una iniezione di caffeina, praticatagli al posto di medicazione, riprese i sensi. Volle abbracciare e baciare il capitano. Gli austriaci sparavano a granata. Alzo zero. Distanza 300 metri.
I miei commilitoni ignorano completamente le vicende e i successi dell'offensiva italiana sugli altri punti del fronte. Siamo in due a leggere i giornali. Io e il caporale Vismara, che riceve l'*Italia*. Mi domando: Perchè non si pubblica e non viene diffuso fra le truppe combattenti, composte oggi di soldati in grandissima maggioranza alfabeti, un *Bollettino degli Eserciti d'Italia*? Bisettimanale o trisettimanale, il *Bollettino* dovrebbe contenere i Comunicati del nostro Esercito e quelli delle Nazioni Alleate, unitamente a qualche articolo e racconto di episodi di valore, atti a tenere elevato il morale delle truppe.

30 Ottobre.

Notte agitata. Ieri sera gli austriaci hanno fatto esplodere una mina di proporzioni enormi. Pareva che tutta la montagna dovesse saltare.

Le signorine impiegate del Credito Italiano, Sezione di Milano, mi hanno mandato due grossi pacchi di indumenti di lana. Prima novità gentile di questa mattinata grigia di pioggia a raffiche.

L'inverno nelle trincee dell'alta montagna

31 Ottobre.

Giornata di sole e di calma. Corre voce che prestissimo il nostro battaglione andrà per qualche tempo in riposo a Ternova, sull'Isonzo. La notizia rende allegri i miei commilitoni, ma io ho ragione di ritenerla infondata. Non turbo la loro gioia. È giunto un battaglione di fanteria del 120° reggimento; ecco l'origine della voce. Nei «ricoveri» si canta, si fuma, si scrive. Nessuno bada al monotono, insistente stillicidio della vedetta austriaca. Il portaferiti De Rita, di Frosinone, narra le sue avventure americane. È stato sei anni nel Nord-America. Si dichiara repubblicano.

— E perchè? — gli ho chiesto.

— Perchè sono stato a New-York... —

In realtà, non sa nemmeno il significato della parola «repubblica». È, fra l'altro, quasi analfabeta. Ma è coraggioso, resistente alle fatiche. I suoi battibecchi con l'altro portaferiti tengono allegra la brigata. Un'altra voce: Tolmino è caduta... Nel pomeriggio ricevo un invito dal caporale Giustino Sciarra, di Isernia, della 13^ compagnia. Egli è stato all'Infermeria per farsi visitare dal capitano e gli è riuscito di portare in trincea un paio di bottiglie di Asti spumante. Beviamo alla salute del Reggimento e alle fortune d'Italia. La giornata non finisce bene. Verso le cinque fischia uno shrapnel. Uno solo. Da un riparo si leva un grido di dolore: ci sono tre feriti, ma, fortunatamente, non gravi.

1 Novembre.

Comincia per me il terzo mese di guerra. Che cosa mi porterà? Notte di quiete e di sogni. Da qualche giorno, salvo la cannonata di ieri sera, l'artiglieria nemica tace.

Anche il «cannoncino» riposa. Che significa? Sono state trasportate altrove le batterie che tiravano sulla nostra posizione? O si prepara con una copiosa scorta di munizioni un bombardamento in piena regola di qualche giorno? Chissà. Nei ripari si lavora accanitamente. Ogni tenda ha il suo fuoco. Si annuncia che Padre Michele dirà la messa al Comando. Ma, della mia compagnia nessuno si muove.

Pomeriggio. Il cielo incupisce. Pioggia a raffiche. È la burrasca del giorno dei morti, mi dice qualcuno. Accanto a me, Rizzati, Massari e Sandri, tutti di Ferrara, parlano tranquillamente di canapa, di mediazioni, dei mercati, di barbabietole, come se non avessero altra preoccupazione. Nella tenda vicina i cremonesi Balista e Schizzi cantano una parodia del *Tantum Ergo* [9]. Ora la pioggia è diventata nevischio. Terzi, l'attendente del tenente colonnello Cassola, mi dà passando una notizia tristissima: la morte di Corridoni!

Attendo con ansia il giornale. L'ingegnosità dei soldati italiani si rivela nelle trincee. Avere una candela in trincea è un privilegio, consentito soltanto agli ufficiali, e non sempre. Ma i bersaglieri hanno risolto con la massima economia di mezzi e con la più grande semplicità di apparecchi il problema della illuminazione serale. Le notti sono ora così lunghe! Si prende una scatola di carne in conserva vuota. Si versa dentro un po' d'olio di scatola di sardine, insieme a un po' di grasso liquefatto della scatoletta di carne. Con le pezze da piedi, debitamente sfilacciate, si fa lo stoppino che si immerge nell'interno, mentre una delle sue estremità esce fuori da un buco praticato verso il fondo della scatola. Si accende e se lo stoppino è bene inzuppato, si ottiene una luce un pochino più scialba di quella di una lampada ad arco, ma sufficiente per leggere e scrivere una lettera. Provare per credere.

2 Novembre.
Corridoni è caduto sul campo di battaglia. Onore, onore a Lui! Scrivo alcune righe per il *Popolo* dedicate alla sua memoria. Ho comunicato la notizia al mio commilitone, il gasista milanese Pechio. Sulle prime era incredulo. Quando gli ho mostrato la prima pagina del *Popolo*, ha creduto e ha pianto.
Nevica rabbiosamente. Tutti i monti sono già bianchi. Ordine di affardellare gli zaini e di tenersi pronti per partire. La nostra compagnia deve sostituire la 9^ che si trova già da cinque giorni ai posti avanzati.
Dopo due mesi comincio a conoscere i miei commilitoni e posso esprimere un giudizio su di loro. Conoscere è forse troppo dire. Le mie conoscenze sono limitate al mio plotone e un poco alla mia compagnia. La trincea nell'alta montagna costringe ogni soldato a vivere da solo o con qualche compagno, nella propria tana. Cerco di scrutare la coscienza di questi uomini, fra i quali, per le vicende guerresche, io debbo vivere e, chissà!... morire.
Il loro morale. Amano la guerra, questi uomini? No. La detestano? Nemmeno. L'accettano come un dovere che non si discute. Il gruppo degli abruzzesi, che ha per «capo» o «comparo» il mio amico Petrella, canta spesso una canzone che dice:

E la guerra s'ha da fa,
Perchè il Re accussi vuol.

Non mancano coloro che sono più svegli e coltivati. Sono quelli che sono stati all'estero, in Europa e in America. Hanno letto prima della guerra qualche giornale. In guerra sono antitedeschi e belgofili. Quando il soldato brontola, non è più per il fatto «guerra», ma per certi disagi o deficienze ch'egli ritiene imputabili ai «capi». Io non ho mai sentito parlare di neutralità e di interventismo. Credo che moltissimi bersaglieri, venuti da remoti villaggi, ignorino l'esistenza di queste parole. I moti di maggio[10] non sono giunti fin là. A un dato momento un ordine è venuto, un manifesto è stato affisso sui muri: la guerra! E il contadino delle pianure venete e quello delle montagne abruzzesi hanno obbedito, senza discutere.
Nei primi mesi della guerra, i bersaglieri hanno varcato il confine, con gl'inni

sulle labbra e la fanfara alla testa dei battaglioni. Dopo due mesi di sosta a Serpenizza, venuto finalmente l'ordine di riprendere l'avanzata, i bersaglieri hanno conquistato (al passo di corsa, malgrado un turbine di cannonate) la Conca di Plezzo e si sono trincerati a quattrocento metri oltre la città, che gli austriaci hanno poi, quasi completamente distrutta con le granate incendiarie. Quando i bersaglieri narrano gli episodi di quell'avanzata, vibra ancora nelle loro parole la soddisfazione e l'entusiasmo della conquista.

La vita di trincea monotona e aspra, contrassegnata soltanto dallo stillicidio quotidiano dei morti e dei feriti, indurisce i soldati. Parlar loro, non si può. Riunire gli uomini in prima linea, per tener loro un discorso, significa esporli a un sicuro immediato massacro da parte dell'artiglieria nemica. È il nemico, la presenza del nemico che spia e spara a cinquanta, cento metri, ciò che tiene elevato il morale dei soldati: non i giornali che nessuno legge; non i discorsi che nessuno tiene...

Sono religiosi questi uomini? Non credo troppo. Bestemmiano spesso e volentieri. Portano quasi tutti al polso una medaglia di santo o di madonna, ma ciò equivale a un *porte-bonheur*. È una specie di «mascotte» sacra. Chi non paga il suo tributo alle superstizioni delle trincee? Tutti: ufficiali e soldati. Lo confesso: porto anch'io nel dito mignolo un anello fatto con un chiodo di ferro da cavallo...

Questi soldati sono nella loro grandissima maggioranza *solidi*, sia dal punto di vista fisico che morale. Se il vecchio Enotrio Romano[11] tornasse al mondo, dinanzi a questi uomini meravigliosi nella loro tenacia, nella loro resistenza, nella loro abnegazione, non direbbe più come un tempo: La nostra Patria è vile!

Quale altro esercito terrebbe duro in una guerra come la nostra?

3 Novembre.

Ieri sera ci siamo spostati di duecento metri più in alto, a destra. Ora comprendo l'obiettivo della nostra azione. Bisognerebbe occupare la depressione fra il Vrsic e lo Jaworcek, per tagliare, io credo, la linea della difesa austriaca. A squadre e plotoni, abbiamo impiegato, per spostarci, quasi due ore. Non pioveva, per fortuna. Il mio riparo è relativamente buono. Da stamani pioggia e neve. La mitragliatrice austriaca spara, ma siamo defilati e finora nessuno dei nostri è rimasto ferito. Ci troviamo in mezzo al fango. Camminare nella mulattiera significa immergersi nella melma fino al ginocchio. Fra i ripari corre un vero torrente di mota. Qui, siamo più raccolti. I cannoni austriaci tacciono sempre. I nostri pure riposano. Anche se piove, anche se nevica o tempesta, quando i cannoni nemici tacciono, c'è allegria fra noi.

4 Novembre.

Ieri sera il mio plotone, il primo, è stato comandato ai piccoli posti. Siamo partiti alle diciotto. Pioggia a scrosci. Buio pesto. Siamo montati a uno a uno in fila indiana per un camminamento franato e pieno di fango. Quando i razzi luminosi degli austriaci solcavano il cielo, ci gettavamo di colpo a terra. Giunti alla posizione, non è stato facile trovarmi un riparo. Non un barlume di luce, all'infuori di quella dei razzi, spenti i quali, le tenebre erano più dense di prima. Finalmente ci siamo cacciati, io e il mio capo-squadra Mario Simoni, dietro a un masso roccioso. Ho chiesto al mio capo-squadra:

— In caso di un attacco austriaco, quale la nostra fronte?

— Quella a destra...

La risposta non mi ha convinto. La responsabilità delle guardie avanzate sulle linee del fuoco è terribile. Devono costituire una garanzia e una prima difesa per coloro che stanno dietro. Per fortuna, gli austriaci non prendono mai l'offensiva per i primi. Possono contrattaccare, ma attaccare no.

Verso mezzanotte, dopo sei ore di pioggia e di tuoni, si fa un grande silenzio bianco. È la neve. Siamo sepolti nel fango, fradici sino alle ossa. Simoni mi dice:

— Non posso muovere più le punte dei piedi. —

E la neve cade lenta, lenta. Siamo bianchi anche noi. Il freddo ci è penetrato nel sangue. Siamo condannati all'assoluta immobilità. Muoversi significa richiamare la mitragliatrice austriaca. Vicino a me c'è qualcuno che si lamenta. Il tenente Fanelli lo redarguisce, con voce sommessa, ma il bersagliere risponde e c'è nella voce una invocazione quasi disperata:

— Tenente, sono gelato. Non mi «fido» più. —

È un meridionale. Ma anche il tenente, che è di Bari, deve trovarsi in critiche condizioni. Poco dopo, infatti, chiama me e il Simoni e ci manda insieme dal capitano per chiedere il cambio della guardia. Sono le quattro. La nostra guardia dovrebbe durare ancora quattordici ore.

Trovo il capitano nel suo riparo. Egli, insonne, veglia. Fuma. Si trovano in sua compagnia i sottotenenti Raggi e Daidone.

— Ebbene?

— Signor capitano, il tenente Fanelli mi manda a dirle che i bersaglieri di guardia non resistono più. Dopo sei ore di pioggia, quattro ore di neve... —

Il capitano mi fa qualche altra domanda e poi, volgendosi al sottotenente Raggi, gli dice:

— Lei va a dare il cambio con una squadra del terzo plotone.

— Benissimo, capitano. Le chiedo, però, un favore: mi dia una sigaretta... —

Sono tornato al mio riparo. L'ho trovato ancora in piedi, mentre moltissimi altri erano franati. È, finalmente, l'alba. È stata la notte più dura dei miei due mesi di trincea.

5 Novembre.

A giorno fatto: Primo plotone, zaino in spalla...

Scendiamo per asciugarci un poco alla posizione che occupavamo prima. Il nostro passaggio viene subito notato dalle vedette austriache. *Ta-pum. Ta-pum. Ta-pum.* Sette feriti cadono uno dopo l'altro. Di gravi non ce n'è che due. Giunti al luogo indicato, accendiamo dei grandi fuochi. Anche il sole viene a salutarci. Il sereno nel cielo riconduce la gioia fra noi. Il fuoco non asciuga soltanto i nostri indumenti infangati, ci rallegra. Pietroantonio, un abruzzese, tornato volontariamente dall'America, insieme ad altri 2000 per servire la Patria, ci racconta episodi interessanti sulla vita delle nostre colonie d'oltre Oceano. Immenso l'entusiasmo col quale fu accolta la nostra dichiarazione di guerra all'Austria. Moltitudini di uomini assediavano i Consolati per la visita militare e il rimpatrio.

— Ho visto — dice Pietroantonio — alcuni scartati mordersi per la rabbia.

Si comprende. I milioni e milioni di italiani, in particolar modo meridionali che negli ultimi venti anni hanno battuto le strade del mondo, sanno per dolorosa esperienza che cosa vuol dire appartenere a una nazione politicamente e militarmente svalutata.

Ho asciugato al fuoco anche le pagine di questo diario. Alcune, con l'acqua, sono diventate indecifrabili.

6 Novembre.

Tornando ieri sera dalla posizione dove ci eravamo asciugati e rifocillati, ho trovato il mio riparo occupato da altri. Gli artiglieri della Sezione che è con noi mi hanno offerto ospitalità sotto la loro tenda. Sono stati gentilissimi. Hanno voluto dividere con me il loro rancio. C'è fra essi un volontario, tal Cecconi, vicentino.

Stamani, cielo buio di tempesta. Al lavoro! Bisogna costruirsi il ricovero. Tre ore di fatica. Grande fuoco per asciugare il terreno sul quale dovremo stenderci.

È giunto dalla Divisione, per telefono, l'ordine di partenza per il plotone accelerato degli Allievi Ufficiali. Del mio Reggimento siamo soltanto in cinque: io, Lorenzo Pinna, Vismara, di Milano; Moscatiello e Inglese, di Napoli. Lascio la compagnia. Saluto il capitano e gli ufficiali. Tutti i bersaglieri mi gridano il loro affettuoso saluto e il loro augurio. Addio! Addio! Non sono contento. Mi ero ormai abituato alla trincea. Scendiamo allo Slatenik. Tre ore di marcia faticosa. In certi punti la mulattiera è tutta un pantano. A quota 1270, o Trincerone, tappa. Il maresciallo Zanotti deve farci il foglio di via. Al Trincerone c'è il 27° a riposo. In tutti i reparti ardono grandi fuochi. Qua e là si canta a gran voce. Piove. Ci ripariamo nella baracca del cantiniere. Come letto, il rivestimento di paglia delle bottiglie. Dormire? Niente. Poco lungi è Jacobone, napoletano, che dirige un coro di milanesi. Si canta a voce spiegata la canzone della «povera Rosetta»:

Al ventisette agosto
Era una notte oscura
Commisero un delitto
Gli agenti della Questura...

7 Novembre.

Prima di scendere a Caporetto, ci siamo recati alle cucine del nostro battaglione, dove i nostri amici ci hanno regalato un caffè, come si dice in gergo militare, «fuori d'ordinanza». Il tempo non è malvagio. In marcia! È la strada di circa due mesi fa. Ecco il laghetto di Za Kraju. Ecco il Cimitero del 6° bersaglieri. Un piccolo muro di cinta. In mezzo una grande croce, con tenaglia, martello, chiodi e un gallo più abbozzato che scolpito. Attorno, attorno, le fosse. Quante? Un centinaio e più. Una è coperta da un grosso macigno. Mi avvicino e leggo: Sottotenente Conte Luigi Alberti. Su un grosso macigno c'è una bella epigrafe, deturpata, però, da un errore grafico. Invece di nuova, è scritto *nuoja*. Un altro masso indica una fossa collettiva. C'è scritto sopra: Qui tutti riuniti. La vista di questo Cimitero solitario, a piè dei costoni ripidi del Monte Nero, ci rende melanconici e silenziosi.

Incontriamo una lunga colonna di muli che viene da Ternova. Ecco Tresenga, formicolante di soldati. Le campane della chiesa bella e grande che suonano mezzogiorno, mi fanno una strana impressione. A Tresenga si lavora. Sorgono da ogni parie baracche. Da Tresenga a Caporetto pochi chilometri. Bella strada. Carrozzabile. Cominciano i segni dell'«altra vita». Incontriamo degli ufficiali dall'uniforme impeccabile. Attendenti pasciuti e rubicondi, a cavallo. I soldati hanno una cera, molto, molto meno selvaggia della nostra. La guerra, vista nelle retrovie, non è simpatica. Ecco l'Isonzo impetuoso e ceruleo. Caporetto in questi due mesi s'è ingrandito, abbellito. Sempre lo stesso formidabile movimento di camion e di carri d'ogni genere. I paesani guardano con una certa curiosità i nostri abiti laceri e infangati, le nostre mani e i nostri volti sudici e anneriti. Noi siamo (modestamente!) un po' fieri, di essere oggetto della curiosità della gente.

14 Novembre.

Dopo sei giorni passati a Vernazzo (ambiente mediocre) stamani, domenica, un ordine è venuto, portato da un motociclista della Divisione. E l'ordine dice : «Il bersagliere Mussolini torna al reggimento». Non domando perchè. La notizia non mi sorprende e non mi addolora. Do un'occhiata al Monte Nero, tutto incappucciato di neve e mi dico: Domani sarò a quota 1270. Da San Pietro Natisone si vede nettamente stagliarsi sul fondo dell'orizzonte il famoso «*Naso di Napoleone*». I miei amici del plotone si mostrano non meno sorpresi e molto più addolorati di me. La trincea non ha fascino per loro, sebbene fossero quasi tutti allogati nei «posti ufficiali» e quindi lontani dal pericolo immediato. Pochi saluti, in fretta. Zaino in spalla. Mi presento in fureria. Il maresciallo c'è. Mi paga la cinquina, mi consegna la «bassa» di marcia e una scatoletta di carne.

Sono nella strada. Mi fermo a San Pietro, al comando di Tappa, per attendere un camion automobile che mi trasporti a Caporetto. Ma qui faccio un incontro inatteso. Trovo Alberto Meschi, ex segretario della Camera del Lavoro di Carrara, soldato della territoriale. Egli mi dà un recapito per

Caporetto: si tratta di certo Oreste Ghidoni, che ha piantato a Caporetto un negozio di tessuti e pannine. Ma mentre passeggiamo lungo il marciapiede, ecco giungere il Ghidoni su di un carro. Mi presenta. Il Ghidoni è un mantovano, traslocatosi a Carrara. È già sera. Ci fermiamo a Pùlfero, villaggio a 10 chilometri da San Pietro. All'osteria troviamo naturalmente dei soldati. Ci sono degli alpini che tornano dal fronte e si recano a Targetto per il plotone allievi-caporali; ci sono dei fanti del distretto di Cremona e della classe dell'83 che vanno a Caporetto. Uomini maturi, ma solidi e pieni di buon umore. Essi mi dicono che nel cremonese non c'è miseria e la popolazione attende con fiducia l'esito della guerra.

15 Novembre.
Oggi è il primo anniversario della fondazione del *Popolo d'Italia*. Ricordi, nostalgie. Mattinata grigia.
Partiamo da Pùlfero alle 9. Per giungere a Caporetto ci vogliono tre ore. Solito enorme movimento di camion e di carri. Si dice che il fronte mangia per le retrovie, ma le retrovie mangiano il fronte. Nelle retrovie c'è un vero, formidabile esercito, mentre la linea di fuoco è un sottile velo che sembra sfumare nella lontananza. Durante il tragitto, il Ghidoni mi racconta i «casi» della politica carrarese. Sono interessanti. Passo le ore libere del pomeriggio a Caporetto. La cittadina è sempre piena zeppa di soldati. Sono sorti qua e là grandi baraccamenti e qualche edificio in pietra.
Verso sera, mi reco al Camposanto militare. Il numero delle croci è aumentato. Saranno quattrocento. Quelle degli ufficiali, una quarantina. Primo di questi, il colonnello Negrotto. Sulla sua tomba c'è una grande corona in bronzo degli irredenti. Ora vado leggendo alcuni nomi sulle croci. V'è anche qualche austriaco. L'unica fossa che abbia dei fiori è quella di un soldato austriaco e sulla croce sta scritto: *Joseph Waltha, dell'esercito nemico*. Il fatto è sintomatico. In un angolo del Cimitero pei civili, ci sono due fosse senza croce e senza nome. Un soldato mi spiega che si tratta di due gendarmi austriaci fucilati dai nostri all'inizio delle ostilità. All'estremità del Cimitero militare, che è cintato da un semplice filo di ferro, giunge un carro, ricoperto e trascinato da due soldati zappatori. Ci sono due casse da morto. Aiuto a scaricare la prima. È pesante. Sono due soldati morti all'ospedaletto da campo.
Crepuscolo. Melanconia. Ritorno in piazza. Compero il *Resto del Carlino* e trovo la prima notizia del bombardamento di Verona. Crocchi di soldati leggono. Molti altri vanno in chiesa. Vado anch'io. La chiesa di Caporetto ha ai lati due gallerie, dalle quali si sporgono i fedeli, come dalle loggette di un teatro. Banchi, gallerie, scalinata, sono gremiti di soldati. C'è anche qualche ufficiale. Ce ne sono dei vecchi e dei giovanissimi. Un territoriale degli alpini, accanto a me, ha negli occhi un luccicore di lacrime. All'altare officia un prete che intona le laudi. I soldati rispondono in coro: «Ora pro nobis...».
Verso la fine, accompagnati dalle note gravi e profonde dell'organo, i soldati

cantano un inno. Il coro si leva solenne e riempie la chiesa. Io taccio: ignoro l'aria e le parole. Il ritornello dice:

Benedici, o madre,
L'italica virtù;
Fa' che trionfino le nostre squadre
Nel nome santo del tuo Gesù.

Il coro è finito con un lungo gemito dell'organo. I soldati sfollano.

16 Novembre.
Sono l'unico bersagliere dell'11° che torni al reggimento. In marcia. Vicino a Tresenza passo dinanzi a una polveriera. La sentinella mi guarda e mi riconosce. È un soldato romagnolo del 120° fanteria. Soffia dal Monte Nero un vento di neve. Mi affretto. Niente tappa a Rawna. Qui ci sono dei bersaglieri del mio battaglione venuti in *corvée*. Mi dicono che il 33° battaglione si trova a quota 1270 e non sull'Jaworcek. Notizia consolante. Sei ore di marcia di meno.
Lunga fila di muli carichi di soldati coi piedi congelati.
A Za Kraju incontro una barella coperta. C'è un morto che viene portato a Caporetto. Segue un caporale che piange. Lo conosco. È dell'8^ compagnia. Mi dice singhiozzando:
— Il morto è il sottotenente Mario Bottigelli, milanese. È stato fulminato da una pallottola, ieri sera, mentre disponeva il suo plotone di guardia. Ora lo portiamo al Cimitero di Caporetto. —
Al Cimitero del 6° bersaglieri, mi sferza la faccia una prima folata di nevischio. Il Monte Nero non si vede più. Neve. Neve.
In trincea, dove sono giunto dopo tre ore di marcia sotto la neve, ho ritrovato i miei amici, soldati e ufficiali, che mi hanno accolto festosamente.
Notte di uragano. Eravamo nel ricovero in undici. Mal riparati. Freddo siberiano.
Ma stamani c'è il sole.

II. FEBBRAIO-MAGGIO 1916

Dalle falde dell'Jaworcek alle vette del Rombon

15 febbraio
Caporetto. È la quarta volta che passo da questa piccola città slovena, che i nostri occuparono appena varcato il confine. Al Comando di tappa trovo ancora lo stesso capitano e i sottufficiali che c'erano nel settembre. Nulla di cambiato. La città mi appare più pulita, oserei dire ringiovanita, ma più silenziosa e deserta. Pochi soldati, pochi carri. Il vertiginoso movimento dei primi mesi di guerra esiste ancora, ma è stato deviato alla periferia dove è sorta la città militare con strade larghe e ampie piazze. Anche la popolazione non è cambiata. Entro in alcuni negozi e trovo ancora le facce enigmatiche che notai la prima volta. No. Questi sloveni non ci amano ancora. Ci subiscono con rassegnazione e con malcelata ostilità. Pensano che noi siamo di passaggio, che non resteremo; e non vogliono compromettersi, nel caso in cui ritornassero, domani, i padroni di ieri.
Pomeriggio grigio. Mi dirigo verso il Cimitero militare. C'erano nel novembre trecento fosse, ora ce ne sono settecento. La siepe di filo di ferro è sostituita da un muro di cinta. La cappella reca nella sua parte esterna questa epigrafe:

PER RIVENDICARE I TERMINI SACRI
CHE NATURA POSE A CONFINE DELLA PATRIA
AFFRONTARONO IMPAVIDI
MORTE GLORIOSA.

IL LORO SANGUE GENEROSO
RENDE SACRA
QUESTA TERRA REDENTA

2 NOVEMBRE 1915

Si scavano altre fosse laggiù... Ritrovo sulle croci i nomi di alcuni miei compagni dell'11°. Esco dal Cimitero e mi reco al Tribunale Militare. C'è udienza. Si discute il processo contro il sergente Nicelli di un reggimento di fanteria, imputato di diserzione. Il P.M. chiede l'ergastolo, ma il Tribunale esclude la diserzione e condanna Nicelli, per abbandono di posto, a venti anni di reclusione, previa degradazione. Il Nicelli ascolta il verdetto con indifferenza e se ne va fra i carabinieri. Segue un soldato semplice, siciliano, imputato di un delitto analogo e viene assolto.

16 Febbraio.
Zaino in spalla, di buon mattino. A piedi sino a Ternova, in camion da Ternova a Serpenizza. Qui mi vien detto che la mia compagnia si trova alla destra dell'Isonzo, in una località detta Sorgente.

In marcia! Ecco l'Isonzo sempre impetuoso, sempre ceruleo, ma, giungendo alle sue rive, vicino alla passerella, vengo accolto da alcune cannonate da 280. Vecchia conoscenza. E come non bastasse il 280, entra in azione un 305. Sosta di un'ora.

Passaggio del fiume. A pochi metri dalla passerella c'è un 305 inesploso e monumentale come il carabiniere di guardia. Alcuni minuti di strada e sono ai baraccamenti invernali occupati dalla mia compagnia. I vecchi commilitoni, che avevano avuto qualche notizia del mio arrivo, mi salutano e mi abbracciano con effusione vivissima. Petrella, mio compagno di trincea, mi bacia. Conoscenza di alcuni ufficiali nuovi, fra i quali il tenente Danesi, giovanissimo, appena uscito dalla scuola di Modena. I vecchi amici sono quasi tutti presenti. La compagnia è in rango, armata. Sono proprio arrivato al momento opportuno. È giunto l'ordine improvviso di salire nella zona del Rombon e precisamente sul Kukla che gli alpini hanno perso dopo un attacco di sorpresa. È già notte quando la compagnia si mette in marcia. Notte di stelle! Camminiamo in silenzio per qualche chilometro, lungo la strada imperiale di Plezzo; poi, giunti dopo Osteria al Ponte Rotto, prendiamo a sinistra e cominciamo a salire. Panorama meraviglioso. Abbracciamo con lo sguardo tutta la Conca di Plezzo, inondata dal plenilunio. Otto ore di marcia.

Attraversiamo Plusna, rasa al suolo dagli austriaci, e giungiamo alla tappa. In una baracca angustissima, capace di appena venti persone, troviamo posto tre plotoni. Facciamo mucchio. È accanto a me un bersagliere nuovo venuto con gli ultimi complementi. È un contadino umbro, tale Arcioni, un tipo posato e tranquillo, che sembra disorientato e smontato. Mi domanda:

— Fratello, è vero che siamo venuti qui per un'avanzata?

— Non lo so. E se anche fosse?

— Lo domando, per curiosità...

— Non so nulla. Coraggio! —

Sono stanchissimo e, appena disteso a terra, mi addormento.

17 Febbraio.

Nevica. *Corvée*: tavole per le baracche e pali di ferro per cavalli di Frisia[12]. Zaino in spalla! La compagnia si sposta tutta in prima linea, nell'ultima trincea. Si fa ancora una buona marcia per una mulattiera quasi impraticabile. Monto di vedetta alla estrema destra della trincea. Sono riparato da sacchetti di neve gelata e da uno scudo di ferro.

Tutto il parapetto della trincea è di sacchetti riempiti di neve: fragilissimo. Dinanzi alla nostra trincea c'è un reticolato in gran parte sommerso dalla neve; un centinaio di metri più in su, si profila il semicerchio del reticolato austriaco. Fra i due reticolati ci sono delle masse grigie informi: sono cadaveri abbandonati. Notte serena, di plenilunio. Siamo in mezzo alla neve. L'occhio abbraccia un cerchio vastissimo di montagne che mi sono familiari. Alla mia destra si profilano il Monte Nero, il Vrala, il Vrsic, il Grande e

Piccolo Jaworcek. Spettacolo fantastico. Ordine di innestare le baionette e di sparare qualche colpo, intermittentemente. Il capitano Bondi, che ha il comando interinale del battaglione, passa verso la mezzanotte in ispezione la trincea.

— Nessuno deve dormire! — egli ci dice. — Non impressionatevi per le bombe a mano. —

Freddo acuto. Siamo completamente all'aria aperta. La trincea non offre ripari di sorta. Ho sparato durante la notte mezza dozzina di caricatori. Gli austriaci hanno risposto fiaccamente. C'è un ferito fra noi, ma leggero.

Venerdì 18 Febbraio.

Giornata serena, ma freddissima. Guardando verso l'Italia, si vede tutta la pianura di Udine e in lontananza, oltre le lagune, la linea azzurra, appena percettibile, dell'Adriatico.

Tre shrapnel austriaci, provenienti forse dallo Jaworcek, battono sulla trincea degli alpini, sottostante alla nostra. Vedo passare, di corsa, alcuni feriti leggeri. Altri vengono trasportati in barella. Cominciano a tuonare i nostri 149. I proiettili sibilanti passano sulle nostre teste a pochi metri d'altezza e piombano sulla trincea austriaca. Guardando contro il sole, si vede giungere il proiettile; sembra una bottiglia nera con un leggero movimento di oscillazione. Tutti i proiettili scoppiano: ciottoli e pali vengono a cadere sino nella nostra trincea. Stormi di corvi volano descrivendo ampi cerchi sulla Conca di Plezzo. Sotto alla nostra trincea c'è la fossa di due soldati caduti nei primi combattimenti. Tutta la compagnia è rimasta per ventiquattro ore consecutive di vedetta alla trincea.

19 Febbraio.

La solita *corvée*. Bisogna andare a prendere i viveri al Comando di Brigata. Un'ora di marcia, faticosa. Chi ha i chiodi aguzzi o i ferri, può camminare. I bersaglieri mettono i piedi nei sacchetti per la terra e non scivolano più. Durante il tragitto, l'artiglieria nemica ha bombardato la posizione, ma la mulattiera è sotto un costone, che forma un angolo morto bellissimo. Sotto quelle rocce si è sicuri e si può (come facciamo) assistere tranquillamente allo scoppio fragoroso dei proiettili nemici. Passa un generale. Lo seguono molti ufficiali. Un sergente dell'8^ compagnia, tal Peruzzone, genovese, è stato colpito mortalmente da una fucilata al petto. È caduto senza un gemito. Gli scavano una fossa sotto la neve.

Sole grandissimo, quasi primaverile. Si lavora a preparare cavalli di Frisia e reticolati. I soldati, nelle baracche, scrivono, scrivono... Mi fermo con un gruppo di giovani ufficiali che fraternizzano con me. C'è il tenente medico Musacchio, il «quasiavvocato» Peccioli che mi ricorda le manifestazioni e le barricate romane del maggio; il già avvocato Rapelti, pure romano; Santi e Barbieri della mia compagnia. Altre conoscenze: l'avv. Ghidini, volontario negli Alpini, avvocato bolognese.

Ordine di servizio per la mia compagnia; il primo e secondo plotone vanno di guardia alla trincea; il terzo e quarto devono spostare avanti i reticolati. Ci vestono di bianco. Appena giunto al mio posto di vedetta, all'estremità destra della trincea, la vedetta austriaca mi tira una dietro l'altra due fucilate che si spezzano contro lo scudo. Metto la canna del mio fucile alla feritoia e rispondo. L'austriaco a sua volta risponde. Il duello dura alcuni minuti. Lo spostamento dei reticolati avviene senza incidenti e senza vittime. Notte freddissima e stellata. Siamo completamente all'aperto. Quindici gradi sotto zero. Se si resta immobili, le scarpe gelano e aderiscono al suolo duro e sonoro come un metallo.

Domenica 20 Febbraio.
Sole. Poche e rade fucilate tra le vedette delle squadre in trincea. Alcune cannonate, innocue. Con una bottiglia di «Barbera amabile» che il bersagliere Moroni Tommaso di Osimo mi ha regalato e con lo scaldarancio, facciamo un eccellente vino brulé che ristora i miei compagni. Ora, i cannoni austriaci di grosso calibro tirano nella Conca di Plezzo, verso la stretta di Saga per colpire le nostre batterie di 149. I 280 e i 305 scoppiano dinanzi e indietro, sollevando nuvole di fumo. È un pezzo che gli austriaci cercano la nostra batteria, ma non l'hanno ancora trovata. Verso sera il sottotenente Barbieri mi dice che il colonnello vuole vedermi. Il nostro colonnello, venuto a comandare il reggimento in sostituzione di Barbiani, si chiama Berulo cav. Giuseppe. Un uomo di media statura, asciutto, di poche parole. Capelli bianchi e un pizzetto pure bianco alla Lamarmora. È stato ferito sul Carso. Mi presento, saluto. Una cordiale stretta di mano.
— Ho voluto conoscervi, nel momento in cui, compiuto il vostro dovere per un giorno e una notte di guardia alla trincea, siete disceso per un po' di riposo. So che siete un buon soldato. Non ne ho mai dubitato. —
Il colonnello passa ad altro e mi dice:
— Sono stato parecchie volte di picchetto a Milano, per causa vostra e dei vostri amici.
— Altri tempi! — rispondo.
Il colonnello vive la nostra vita, soffre degli stessi disagi di un semplice soldato. Egli poteva restare in seconda linea con uno degli altri battaglioni, ma ha voluto essere col battaglione più esposto al pericolo. Ciò è molto simpatico e i bersaglieri apprezzano questo gesto. Il colonnello dorme su alcune tavole in una specie di cuccetta alta un metro da terra. Sotto di lui, a terra, dorme il suo aiutante, il sottotenente milanese Olinto Fanti, mio buon amico.
Da un altro lato dell'angusta baracca che serve anche da posto di medicazione degli alpini, dormono i tenenti medici Gargiulo e Congiu. Il primo meridionale, l'ultimo sardo. C'è anche Don Giovanni, cappellano degli alpini, un pezzo d'uomo dall'aria assai mite.
A proposito: la medaglieria religiosa è in diminuzione. Nei primi tempi era

un imperversare di immagini sacre. I soldati ne portavano al collo, al polso, sul berretto, nelle dita a foggia di anello. Tutto ciò va cadendo in disuso. La tragica esperienza delle prime linee ha insegnato che un amuleto vale l'altro, che il cornetto vale una medaglia; e un gobbo d'avorio un Sant'Antonio. L'ultima trovata in materia di «scongiuri» è quella di toccarsi le stellette (forse per analogia con lo «stellone? ») o di portare questa cabalistica epigrafe:
B I P Zl R 16
C ch. Zl P. S. S.
Migliaia di soldati l'hanno ricevuta passando per i paesi della vallata del Natisone. Sono incapace di decifrarla.

21 Febbraio.
Notte di vento violentissimo e gelato. Veniva dal Monte Nero. La tela della nostra fragile baracca si gonfiava, mentre le traverse di legno stridevano e pareva dovessero rompersi da un momento all'altro. Pigiati gli uni sugli altri. Per muoversi dal fondo della baracca alla porta, si cammina sui compagni, con le ginocchia e le mani a guisa di quadrupedi. Nessuno ha chiuso occhio. Alle quattro, sono stato chiamato per la *corvée* dei viveri, che bisogna andare a prendere dove si fermano i muli, nella posizione dove si trova il Comando di Brigata. Anche nel Rombon i nostri morti sono disseminati qua e là, dove è stato possibile seppellirli. Sette croci allineate sorgono vicino al Comando di Brigata; due più in alto; qualche altra nei pressi della mulattiera. Mattino di calma. Il tenente Rapetti mi narra un episodio che dimostra quanto giovi a incuorare i soldati, l'esempio degli ufficiali.
— Il 12° bersaglieri — mi dice Rapetti — era a quota 1270, alle falde del Monte Nero. La nostra trincea veniva battuta da parecchie ore da un violento fuoco di artiglieria. Il sergente Brenna aveva avuto un momento di panico. Piuttosto che rimproverarlo, io mi misi in piedi sulla trincea, mentre granate e shrapnel fischiavano da ogni parte. Il gesto mio, temerario, incuorò i bersaglieri, più di qualunque punizione od eccitamento. Quando, di lì a poco tornai, trovai il sergente Brenna, che, impassibile e fresco tra l'infuriare dei proiettili nemici, si mise sull'attenti e disse: — Niente di nuovo, signor tenente. Presenti, diciannove come prima. —
Il colonnello ha chiesto una copia del mio «Giornale di Guerra» dello Jaworcek.
Ordine di servizio per la notte: il primo plotone è comandato a porre i cavalli di Frisia oltre la nostra trincea. Della prima squadra andiamo volontariamente io e Reali Oreste, milanese. Ci vestiamo di bianco e andiamo su. Prima che spunti la luna, usciamo dalla trincea insieme col tenente Santi. Striciamo per alcuni metri... A un certo momento, il tenente avverte un rumore di passi sulla neve gelata. È una pattuglia di austriaci. Sosta. Tutto intorno è silenzio. Ma le nostre vedette non dormono ed ecco crepita il fuoco della nostra fucileria. La pattuglia nemica si ritira in buon ordine.

22 Febbraio.

Notte di luna, serena, ma freddissima. Si dice dai quindici ai venti gradi sotto zero. Ma nessuno si sente male. Malati in tutto: quattro e più che malati, indisposti.

Cominciamo a «sfottere» gli austriaci. Sopra a un lungo bastone piantiamo una pagnotta di pane e sopra a un altro, issiamo un cappello da bersagliere. Agitiamo, per qualche tempo, i due bastoni al disopra della trincea, ma gli austriaci non sparano. Una novità: il nostro capitano Mozzoni è tornato dalla licenza invernale. Passa fra di noi salutandoci tutti. Mi annuncia che, con molta probabilità, il reggimento cambierà fronte e andrà in Carnia. Distribuzione di caffè, cioccolato, burro, castagne secche. Si beve molto cognac e molto rhum. I liquori eccitano contro il freddo e soprattutto tengono desti. Da notare: alle quattro e a mezzanotte, ci viene distribuito caffè e latte. È un *record* a quest'altezza! La distribuzione dei viveri è regolare e abbondante: non abbiamo il rancio caldo, ma tant'altra roba lo sostituisce: anche il prosciutto che talvolta è veramente squisito. Il tenente medico Musacchio mi offre la fotografia dello Jaworcek, con questa dedica:

All'amico Benito Mussolini
offro
affinchè gli ricordi il luogo
ov'ebbe il battesimo del fuoco
e la gioia suprema
di constatare nel cuore dei suoi commilitoni
le nobili qualità della stirpe italica.

Dormiamo sotto a una baracca, ma sulla neve. Ci contenteremmo di un pochino di paglia ma non c'è.

Mercoledì 23 Febbraio.

Notte di guardia alla trincea. Dodici ore sotto a una implacabile bufera di neve.

Verso le due si è udito un vivo fuoco di fucileria alla nostra destra nelle posizioni tenute dagli alpini. Siamo balzati tutti in piedi. Coperti di neve, sembravamo tanti fantasmi usciti da una fossa. Si trattava di un attacco austriaco più simulato che attuato. Il fuoco è durato una quindicina di minuti. Stamani, all'alba, l'8^ compagnia è venuta a darci il cambio. Durante l'operazione, una pallottola sola di una vedetta austriaca ha ucciso due dei nostri: Massari, un richiamato ferrarese dell'84 (un soldato bravo, disciplinato, volonteroso, che era stato con me in trincea sullo Jaworcek) e Manucci. Sono caduti senza un grido, sul margine inferiore del camminamento. Colpiti entrambi alla testa. Dai buchi uscivano fiotti di sangue che invermigliava la neve. Fatalità! Il Manucci era già partito per la licenza invernale ed era giunto a Ternova. Qui aspettò sei giorni, perchè le licenze erano state sospese nel settore dell'Alto Isonzo. Dopo sei giorni, ricevette l'ordine di tornare in compagnia. Giunse ieri sera. Stamani è morto. Il Massari era miracolosamente scampato allo shrapnel del 10 ottobre che uccise i suoi due compagni di tenda, i ferraresi Mandinoli e Melloni.

— Portaferiti! —

Ecco De Rita e Barnini. Adagiano in una coperta di lana i due morti e li trascinano piano sulla neve... Un trasporto con la barella è impossibile, data la ripidità e il gelo del camminamento. La nostra trincea è fatta di neve. I sacchetti non contengono che neve gelata. Le pallottole passano come attraverso la carta velina. Bisogna camminare a schiena incurvata.

Nevica sempre.

Una valanga si è schiantata sulla baracca dove dormono alcuni sottotenenti, le loro ordinanze, Reali e io. Sotto l'urto, la baracca si è chiusa come un libro. Per fortuna, nessuno di noi è rimasto ferito. Ho aiutato il tenente Malascherpa, cremonese, a liberarsi dai rottami e dalla neve, che, sfondando la tela della baracca, lo aveva quasi sepolto.

24 Febbraio.

Le solite dodici ore di guardia alla trincea. Sono, con la mia squadra, capitato proprio nel punto dove caddero ieri Manucci e Massari. La neve è ancora rossa di sangue.

Scendendo a servizio ultimato dalla trincea, porto al maggiore Tentori, comandante il battaglione Bassano degli alpini, una copia del *Popolo*, col trafiletto dedicato al Volonteri di Monza. Il maggiore mi ricostruisce le vicende della notte tragica, 14 febbraio, nella quale fu tentata la riconquista delle posizioni perdute sul Kukla. L'avvocato Alfredo Volonteri, volontario, morì colpito da una palla in fronte, mentre gridava: — Alpini del battaglione Bassano, avanti, sempre avanti! — Il maggiore Tentori mi racconta anche la fine eroica di un caporal maggiore che, colpito al ventre, è morto dicendo: — Mi za me moro, ma moro contento per l'Italia! Viva l'Italia! —

Nelle parole del maggiore, un uomo alto, dal portamento nobile e marziale, vibra ancora un intenso affetto per i caduti.

Ho assistito a sera inoltrata a una scena macabra. Una cassa da morto, fatta rozzamente, è stata caricata su un mulo. Gli alpini lavoravano in silenzio. Dentro ci dev'essere, ho pensato, la salma del povero Volonteri, che la pietà di un amico ha dissotterrato per farla portare in giù, in uno dei cimiteri dei pressi dell'Isonzo.

Venerdì 25 Febbraio.

Notte di tormenta. Stamani nebbia e neve si alternano. Abbiamo lavorato intensamente. È la guerra dei braccianti. La vanghetta vale il fucile. Ora il nostro camminamento è profondo. Si può stare in piedi senza pericolo di ricevere qualche micidiale pallottola. Abbiamo rinforzato la trincea con sacchetti di terra. In poche ore ne abbiamo riempito qualche centinaio. È

giunto il nuovo comandante del nostro battaglione, cav. Galassini modenese.
Il tenente medico Musacchio mi parla di uno strano tipo di ammalato, ch'egli
ha visitato stamani. Si tratta di un siciliano che afferma di essere stato
«fatturato», cioè stregato, durante la licenza invernale. Sintomi della «fattura»:
debolezza, inappetenza, dolori vaghi e nostalgia. Comprendo che un siciliano
soffra di nostalgia, nostalgia del sole, fra tanto gelo e tanta neve!
Gli ufficiali subalterni del mio battaglione sono tutti giovanissimi e ci trattano
col «tu» confidenziale. La notte scorsa, secondo quanto mi dice il tenente
Azzali della 6^ compagnia, gli austriaci in vesti bianche si sono mossi per il
solito attacco, ma i bersaglieri del 33°, che non hanno l'abitudine disastrosa
di dormire in trincea, hanno, con cinque minuti di fuoco, sventato il
tentativo.

Sabato 26 febbraio.
Nottata di guardia. Tormenta di neve sino a mezzanotte. Il capitano ha
vegliato tutta la notte insieme con noi. Ha declamato un brano del *Nerone* di
Cossa. Per ingannare il tempo, abbiamo canticchiato. A mezzanotte, Reali,
chef de cuisine della squadra, ci ha preparato una specie di *punch* che bruciava gli
intestini; poi ci ha intrattenuti sugli usi e costumi nord-americani. Le notizie
da Verdun hanno suscitato grande interesse fra noi.
Verso le quattro, si è udito gridare alla nostra sinistra: All'armi! All'armi!
Siamo usciti immediatamente dalle nostre buche (quattro in tutta la trincea) e
ci siamo messi in linea. Tutto ciò è avvenuto con la rapidità del baleno.
— Le bombe! Le bombe! —
In questo momento il nevischio ci frusta violentemente la faccia. Ecco le
bombe. Il sacco era in consegna alla nostra squadra.
— Fuoco! —
Ho sparato tre caricatori. Poi mi sono scaldato le mani alla canna tepida del
fucile. Gli austriaci non hanno sparato nemmeno un colpo.
All'alba ho visto un fenomeno strano, dovuto certamente all'azione
dell'elettricità. La punta delle nostre baionette brillava come se fosse uscita
dal fuoco. Anche il capitano ha osservato il fenomeno.
Stamani, sole. Il bianco della neve abbacina. Solito bombardamento degli
austriaci, contro le nostre irreperibili batterie della stretta di Saga.

27 Febbraio
Breve sole. Adesso nevica ininterrottamente da quindici ore. Di guardia alla
trincea. Se continua a nevicare, la nostra situazione può diventare difficile.
Oggi, per la prima volta, siamo rimasti senza pane.
La posizione della nostra trincea non ci permette, in caso di un serio attacco
austriaco, nessuna possibilità di scelta: bisogna resistere sino all' ultimo
uomo. La trincea è scavata proprio all'orlo di uno scoscendimento del Kukla,
che precipita quasi a picco, per alcune centinaia di metri, sino al pianoro
dove c'è il Comando di Brigata. Ritirarsi, significa precipitare, rotolare

nell'abisso. Resistere, dunque, e siamo pronti!

28 Febbraio.
Oggi abbiamo lavorato di vanghetta e badile. Le solite fucilate tra vedette. Nessun ferito.

29 Febbraio.
Domani avrò i galloni da caporale. Un piccolo avvenimento nella mia vita di soldato. Il capitano ha motivato così la proposta:
«Per l'attività sua esemplare, l'alto spirito bersaglieresco e serenità d'animo. Primo sempre in ogni impresa di lavoro o di ardimento. Incurante dei disagi, zelante e scrupoloso nell'adempimento dei suoi doveri».
Dialogo colto a volo ieri sera:
— Tenente Barbieri, quant'è la forza della compagnia montata stasera di guardia alla trincea?
— Centosette uomini. — Ma lassù non ce ne sono che settantaquattro contati da me.
— Si vede che i «disponibili» non sono di più. — Fra i cosiddetti «disponibili» c'è sempre qualche imboscato che «sbafa» la guardia; cioè, non la fa.

1 Marzo.
Notte di guardia alla trincea. Nevica. Sono sceso all'alba. Battaglia a pallate di neve.
Giungono, verso mezzogiorno, alcune bombe austriache! Una vittima. Un alpino del battaglione Bassano. Lo portano in barella al posto di medicazione, ma ci restano un attimo. Brutto segno! L'alpino è mortalmente ferito. Sulla mulattiera c'è una striscia di sangue e di materia cerebrale. Padre Michele mi racconta che al 27° battaglione, che trovasi alla nostra destra, ci sono stati due morti e due feriti da pallottole delle vedette. Anche il tenente Rapetti è ferito, ma non gravemente.

Giovedì, 2 Marzo.
Stanotte di guardia. Neve. Neve. Sono ubriaco di bianco. Era con noi il capitano. Si è allogato alla meglio nella nostra tana, gocciolante da tutte le parti e ci ha letto moltissime pagine del libro del povero Lucatelli: *Come ti erudisco il pupo*. Mi sono divertito. Sull'alba il sonno mi ha preso. Per vincerlo ho ingoiato mezza bottiglia di rhum che, come dice l'etichetta, contiene tanto «*alcool pari al 21 % del suo volume*».
Novità. Stamani, presto, una valanga ha travolto quattro alpini e un mulo. Altra novità. Son riaperte le licenze invernali. Spetta anche a me, di diritto. Foglio rosso, tradotta N. 1. Partono con me Reali, Morano, Tinella, Morani, il tenente Barbieri di Modena. Terza novità. Anche il battaglione scende stasera e va a Serpenizza. Questa notizia mi fa piacere. Il pensiero di lasciare i

miei compagni sul Rombon turbava un po' la mia gioia. Durante il tragitto, gli austriaci ci spediscono tre shrapnel. Qualche altra cannonata scoppia su noi, in prossimità di Osteria, sulla strada maestra imperiale di Plezzo. Notte di sosta a Serpenizza.

3 Marzo.
Le compagnie del mio battaglione sono discese la notte scorsa. Partenza. Poco oltre Serpenizza, passiamo davanti ai baraccamenti dove hanno pernottato i miei commilitoni. Auguri e saluti. Piove a dirotto. Sosta a Ternova per il bagno e la visita medica. Tappa notturna a Svina, a cinque minuti da Caporetto. Svina è un villaggio di poche case. Notte in un solaio, sulla paglia. Non siamo molti, È una delle ultime tradotte. I *permissionaires* tengono un contegno dignitoso e corretto. Non grida, non schiamazzi: la gioia c'è, ma è contenuta nei cuori. Si formano dei crocchi, dove vengono narrati episodi di guerra. E passano nel racconto il Monte Nero, il Vrata, il Vrsic, lo Jaworcek, il Rombon, le montagne dell'Alto Isonzo, santificate dal sangue italiano.

Un mese tra le montagne della Carnia

25 Marzo.

Cerco da cinque giorni il mio battaglione.

L'ho lasciato a Serpenizza a riposo. So che è rimasto dieci giorni a Pinzano sul Tagliamento. Poi è partito per la Carnia, ma per destinazione ignota. Giro da cinque giorni, in lungo e in largo, la Carnia, a piedi e in ferrovia. Da Tolmezzo a Paluzza. La colonna dei bersaglieri che tornano dalla licenza invernale è scortata da due carabinieri a cavallo. Attraversiamo il ponte del But che «irrompe e scroscia». Si marcia in ordine.

Ecco Terzo, Cedarchis, Enemonzo, Arta. Ho appena il tempo di leggere l'epigrafe che ricorda il soggiorno di Giosuè Carducci in questi luoghi. Un po' di sole. La strada s'inoltra fra abetaie foltissime e odoranti. C'è nell'aria il tepore della primavera. I torrenti ingrossati dal disgelo urlano tra le gole dei monti.

Verso Paluzza, la valle del But si allarga. A Paluzza, il maggiore degli alpini, che sta al Comando di tappa, mi dice, finalmente, dove si trova il mio battaglione. Lo raggiungerò domani. Passo la serata a Paluzza, popolata da soldati di ogni arma. Il paese è intatto. L'artiglieria nemica non lo ha mai raggiunto. Timau, invece, secondo quanto mi dicono abitanti di Paluzza, è una rovina. Timau è l'ultimo abitato che si trova, prima di raggiungere le posizioni ormai famose del Pal Piccolo, Pal Grande, Freikofel.

26 Marzo.

Giunge dal Freikofel il rombo ininterrotto del cannone. Si combatte. Ma l'eco della battaglia vicina non sembra turbare eccessivamente i cittadini di Paluzza. La caratteristica chiesetta, dinanzi alla fontana, rigurgita di gente che ascolta la messa. Gruppi, fra i quali sono molti soldati, stanno davanti alla porta principale e a quelle laterali. Un sergente maggiore del Comando di tappa mi informa che da Timau si sono chieste, «*tutte le ambulanze disponibili*». Ciò dà un'idea della gravità del combattimento.

Alle undici ci raduniamo per partire. Siamo accompagnati dal sottotenente Menini, lombardo. Addio Paluzza! Attraversiamo il But e tocchiamo Cercivento. Segue Ravascletto, dove troviamo la neve. Siamo a 947 metri. Vecchi e donne sono nelle strade a godersi il sole e il riposo domenicale. Un particolare significativo che denota il patriottismo di queste popolazioni. A Ravascletto, paese di poche centinaia di anime, sono state sottoscritte ben 25 mila lire per il terzo prestito nazionale. Sosta per il rancio che confezioniamo in casa di un contadino che ci offre le marmitte. In marcia! Ora la strada riscende. Il panorama che si offre allo sguardo è sempre incantevole. Carnia pittoresca e ospitale!! Breve tappa a Paularo: un villaggio. Entriamo in una casa che ha una certa grazia di villetta signorile per bere un sorso d'acqua. Ci viene offerta, con gentilezza, dalle donne di casa. Tre ragazze: Mina,

Antonietta, Maddalena. Noto un grande ritratto di Benedetto Cairoli e uno piccolo di Gabriele d'Annunzio. Donne italianissime. Cantiamo insieme l'inno di Oberdan. Saluti e auguri.

Ecco Comegliaus, da dove comincia la valle del Degano. Tappa serale a Rigolato, pieno di alpini del 3°. Sono giovani del '96 provenienti da Torino. Le osterie sono affollate di soldati. Nelle strade non ci sono fanali. Buio pesto. Ma da un accantonamento, non lungi dalla strada principale, si leva un coro:

Al 27 maggio
Al tramonto del sol,
Affondavasi una barca
Nel Lago Maggior.

Bella che dormi
Sul letto dei fior,
Svegliati e poi ricevi
Un bacio d'amor...

Il coro lento a tre voci si diffonde con una certa solennità nella notte stellata.

27 Marzo.
Da Rigolato a Forni ci sono 7 km e mezzo di strada maestra. A Forni c'è il Comando del mio battaglione. Lungo la strada, il solito movimento delle retrovie: biciclette, carri, camion.
Incontriamo una piccola automobile della Croce Rossa inglese, guidata da uno *chauffeur* con l'inevitabile pipa corta in bocca. A Forni, dove giungiamo verso le 11, ci dicono dove si trova la mia compagnia. Ci mettiamo al seguito della colonna dei muli che portano i viveri. Di rimarchevole a Forni non ho visto che un palazzo delle scuole elementari, quasi grandioso. Siamo una decina di bersaglieri. È con noi l'aspirante ufficiale Baldesi, toscano. Tre ore di marcia lungo una mulattiera che attraversa un'abetaia così folta, che impedisce al sole di giungere a terra.
A quota 1576, alla destra del torrente Bordaglia, che nasce dal laghetto omonimo, trovo il 1° plotone della mia compagnia. Sono arrivato. Il plotone è ricoverato, insieme con altri bersaglieri ciclisti del 10°, in una baracca di legno a tre piani. Di fianco c'è la cucina e uno sgabuzzino, sulla cui porta mal connessa sta scritto pomposamente: *Sala convegno per fumatori*. C'è il fumo, ci sono i fumatori, ma quanto alla sala è... un'esagerazione. La stanchezza mi concilia rapidamente il sonno.

28 Marzo.
Alba grigia. Qualche raffica di nevischio, attenuata da ondate di sole. Bizzarria della montagna. Il Comando della nostra compagnia è 300 metri

più in alto. Vi salgo per presentarmi al capitano. Nel tragitto ho modo di orientarmi sulle nostre posizioni. Siamo fortificatissimi! Tutta la neve, vicino e lontano, è punteggiata dai pali dei nostri reticolati. Di qui, non passeranno mai!

29 Marzo.
Stamani, ricognizione volontaria. Sono disceso nella valle, sino alla confluenza del Bordaglia col Volaja. Laggiù una squadra di alpini sciatori si esercitava. Pomeriggio insignificante. La prima squadra è di guardia all'accantonamento. Sono capoposto. Notte tranquilla.

30 Marzo.
Nevica da sedici ore. Tutto è bianco. La mulattiera è sommersa. Pomeriggio: nevica sempre. La posta non è giunta. Ore lunghe. Nella baracca, al primo, al secondo, al terzo piano, totale altezza quattro metri o giù di lì, si gioca a carte, si fuma, si canta. Io, col ventre a terra, scrivo queste note. Tipi di soldati: Meiosi Piacentino, lucchese, tornato dall'America. Classe 1893. È il vero tipo del toscano medio: asciutto, intelligente e provvisto di una buona lingua snodata.
— Sono tornato in Italia per l'onore — egli mi dice, iniziando la nostra conversazione. — Cinque anni or sono andai in America e quando fu chiamata la mia classe, non essendomi presentato, fui dichiarato disertore. In America, a Richmond, capitale dello Stato di Virginia, avevo un piccolo commercio di confettiere. Gli affari non andavano male. Scoppiò la guerra europea. Quando l'Italia entro in campo, sentii che non potevo più oltre restare lontano dalla mia patria e sono tornato. Potevo entrare nella Sanità, ma ho preferito un'arma combattente e sono qui a fare il mio dovere. —
È un fatto, che i soldati tornati dall'America costituiscono la parte migliore delle truppe al fronte.
Domattina, sveglia alle quattro. Dopo gli attacchi al Pal Piccolo, bisogna vigilare. Tale è l'ordine telefonico del capitano. L'eventualità di un'azione lusinga i soldati.
Nevica sempre Sono cadute due valanghe con un boato tremendo. Non si ha notizia di vittime. I morti in seguito a valanghe non sono stati molti in questa zona: cinque e alcuni feriti.

31 Marzo
Dopo tanta neve, ecco una mattinata meravigliosa di sole. Nella chiarità diafana, trasparente dell'orizzonte, si stagliano netti i profili e le merlettature delle montagne bianchissime. Lontano si vedono le guglie dolomitiche del Cadore. Una linea sottile di porpora annuncia il sole. Se fossi un poeta!
Intanto, al lavoro. La mulattiera è colma di neve. Anche i sentieri d'accesso alle «ridotte» della prima e della seconda linea sono ostruiti. Dai costoni quasi perpendicolari dei monti di Vas e Omladel che ci stanno di fronte, si

staccano frequenti valanghe. Da lontano sembrano cascate mugghianti. Turbinio di neve sulle cime. Pare che la montagna fumighi. Pomeriggio solato e calmo. Qualche fucilata solitaria. Verso le tre, abbiamo notato due palloni bianchi, altissimi, che il vento spingeva verso di noi, dalle linee nemiche. Si tratta di uno dei soliti trucchi austriaci; il cesto del pallone recava una poesia contro Cadorna, scritta in italiano, e due cartine geografiche: *Ciò che otteneva l'Italia senza la guerra e ciò che ha ottenuto in dieci mesi di guerra.*

Il Comando austriaco che ci fronteggia è rimasto alla tesi del «parecchio» di giolittiana, nonchè ignobile memoria.

— Ma se i tedeschi — commenta un arguto bergamasco — non hanno altri «balloni» da sparare, presto son fritti. —

1 Aprile

Sono capoposto della guardia al «blockhouse» N.2 dei posti avanzati di prima linea, oltre il valloncello della valanga. Il «blockhouse» N. 3 è stato travolto e sommerso da una valanga. Per fortuna, era stato abbandonato in tempo e non ci sono state vittime. Ho con me i bersaglieri Reali Oreste di Milano, Alcenzo Memore di Fiume Marina, Marano Arturo di Codroipo, Ruggeri Pietro di Fabriano, Mastromonaco Giuseppe del Molise, Scacchetti Ezio nato a Costantinopoli da genitori mantovani e Tonini, piacentino.

Quattro «blockhouse» o ridotte, costituiscono la nostra prima linea. La consegna è di difenderli sino all'arrivo dei rinforzi della seconda linea e se i rinforzi non arrivano, difenderli egualmente sino all'ultima cartuccia. Sono ridotte costruite con grossi tronchi d'albero, resistenti a granate di piccolo calibro. Per giaciglio, un tavolaccio ricoperto e reso un po' soffice da uno strato di fronde d'abete che emanano l'odore grato e resinoso delle conifere. Nel pomeriggio, intermittente e innocuo bombardamento a shrapnel.

Passa un Taube altissimo, oltre il tiro possibile del nostri fucili. Fila veloce in direzione della Valle del Degano.

2 Aprile.

Sole. Appena giorno, muoviamo in ricognizione verso le posizioni austriache. Siamo in cinque. La neve poco resistente ci impedisce di camminare con velocità.

Siamo giunti in prossimità del Passo di Giramondo, dominato alla sinistra per chi sale lungo il Rio Volaja dal Picco di Giramondo che appare come un «Termine» gigantesco posto dalla natura per segnare i contini d'Italia. Verso le 10 il solito Taube è venuto sulle nostre posizioni.

Quantunque fosse molto alto, abbiamo fatto fuoco egualmente. Dopo il secondo rancio, quando scendono dai monti le prime ombre della sera, mentre sulle cime si attarda la luminosità del crepuscolo, i soldati si riuniscono e cantano in coro. Sono vecchie canzoni semplici di parole e di melodia, che si prestano al canto a più voci. Ieri nel mio blockhouse» venne cantato il Lamento del soldato per la morte della fidanzata. Ecco le parole. I versi sono rozzi, ma c'è in essi una fresca vena di sentimento:

Trenta mesi che faccio il soldato
E una lettera mi vedo arrivar.
Sarà forse la mia amorosa
Che ho lasciata nel letto ammalà.
A rapporto, signor capitano,
Se in licenza mi vuole mandar.
In licenza ti manderia
Purché ritorni da bravo soldà.
Glielo giuro, signor capitano,
Che ritorno da bravo soldà.
Quando giungo vicino al paese,
Le campane io sento a suonar.
Sarà, forse, la mia amorosa
Che la portan a sotterrar.
O becchino, che porti la bara
Per favore, riposati un po'.
Se da viva, non l'ho mai baciata,
Or ch'è morta, la voglio baciar!
La sua bocca, ora, sente di terra,
Mentre prima odorava di fior!

Sono le canzoni sgorgate dall'anima primitiva del popolo. Sono passate da generazione a generazione e i soldati se le sono trasmesse da una classe all'altra.

Ore quindici. Riapparizione del Taube nemico, che vola altissimo. Verso il tramonto, duello stracco delle opposte artiglierie. Distribuzione del tabacco governativo, con le relative tre cartoline in franchigia. Si scrive. Si fuma. Il fumo è una distrazione.

3 Aprile.
Grande sole. Stamani nella solita «ricognizione» ci siamo spinti ancora più in là. Erano con me i caporali Pietroantonio, un giovane abruzzese tornato dall'America per fare il soldato, e Serrato Antonino, un valido e animoso siciliano del distretto di Cefalù. Verso le 11, l'artiglieria nemica ha battuto con granate shrapnel le nostre posizioni della Selletta fra il But e l'Omladet. Le granate, scoppiando, chiazzavano di nero la neve.

Pomeriggio di silenzio alto, interrotto soltanto dal rombo delle valanghe. Le quali non sono le valanghe dirò così «classiche» che si formano col sasso che dal vertice rotola giù nella valle. Sono invece, grandi strati di neve che slitta dai costoni più ripidi, per effetto del vento o del peso della neve stessa. Qua e là, la montagna comincia a mostrare le sue rocce. È la primavera? Un tenente del battaglione ciclisti mi regala, come suo ricordo, una fotografia delle posizioni del Passo di Giramondo e del Volaja. Ieri, mentre gli alpini operavano il «cambio» dei piccoli posti in Bordaglia Alta, furono scoperti dalle vedette austriache. Tre morti dei nostri sono caduti nel camminamento tra la neve.

4 Aprile.
Ricognizione mattutina al valico del Volaja. Siamo ridiscesi per il torrente omonimo sepolto sotto la neve. Nel pomeriggio, nuova ricognizione su Bordaglia Alta. Siamo saliti per un pendìo ripidissimo. Erano con me il tenente Santi e tre alpini della compagnia volontari alpini. Indossavano il camice bianco. Questi volontari sono in gran parte carnioli e friulani. Gente del paese. Di tutte le età. Di tutte le condizioni sociali. Sbarrando i passi ai confini d'Italia, essi difendono le loro case, le loro famiglie, i loro villaggi che sarebbero i primi a subire le violenze dell'invasore. Gente simpatica. Siam giunti al laghetto di Bordaglia, completamente gelato. Dal laghetto ha origine il torrente omonimo che si getta a Pierabech nel Fleons o Degano, dopo aver ricevuto, come confluente, il Volaja.
Il tenente Santi che oltre a essere il mio superiore, è un mio amico carissimo, ci ha fatti sostare per alcuni minuti in posizione conveniente per vedere, senza essere visti, le linee nemiche. Col binocolo si vedono benissimo, anche nei dettagli, i «blockhouse» austriaci che presidiano il Passo di Giramondo.
Il tenente Barnaba, territoriale, della compagnia dei volontari alpini, è stato lieto di incontrarmi, e ci ha offerto un sorso di cognac. Di lassù, lo sguardo abbraccia un panorama di montagne meraviglioso. Le Dolomiti della sinistra del Cadore lanciano al cielo le loro guglie sottili. L'anima, dinanzi a questa visione, si dilata e si esalta. La montagna, come il mare, fa sentire l'immensità.

5 Aprile.
Nebbia, maltempo. Mattinata grigia. Nessuna ricognizione. I soldati hanno brevi momenti di tetraggine, seguiti da esplosioni di gioia e di allegria talvolta fanciullesca. La neve se ne va. I bucaneve, primi fiori della montagna, cominciano a tappezzare i tratti scoperti. Oggi, non una cannonata e nemmeno fucileria. Quiete assoluta.
Divaghiamo. Tipi di soldati. Ascenzo Memore, del distretto di Savona, marinaio di mestiere. Basta mostrargli una cartolina illustrata con una barca per fargli sentire tutte le acute nostalgie del mare. Nato a Final Marina. I suoi racconti della vita marinaresca m'interessano. Fa il soldato volentieri e odia i tedeschi. Lo chiamiamo *marinaretto*. Abbiamo invece affibbiato il soprannome di *arabetto* a Ezio Lucchetti che è nato e vissuto a Costantinopoli, dove la famiglia sua è rimasta sotto la protezione degli Stati Uniti, mentre lui tornava volontariamente in Italia per la guerra. Ha un po' la *silhouette* del turco. Calmo, flemmatico parla in italiano con un leggero accento esotico un po' turco e un po' francese. Fuma... come un turco. Una sigaretta gli pende

continuamente dalla bocca un'altra sta, di riserva, sull'orecchio destro. Quando Ascenzo vuole sfottere l'*Arabetto*, lo chiama «aggregato all'Italia». E allora l'*Arabetto* perde la sua calma abituale e scatta per proclamarsi Italiano di razza e di sentimento.

Pomeriggio. Arriva la posta. Tutta roba in ritardo. La posta nuova non ha ancora, come diciamo nel nostro gergo, «*trovato la strada*».

6 Aprile.

Giornata movimentata quella d'oggi. Scrivo queste righe, a notte alta, nel «blockhouse» illuminato da un mozzicone di candela. I miei compagni dormono. Stamani ho compiuto la solita ricognizione. Siamo giunti sino al costone che per la sua strana conformazione viene chiamato «*spina di pesce*». In quel punto la neve è alta oltre dieci metri. Ha colmato gli scoscendimenti e formato una specie di pianoro.

Durante tutta la mattinata, violento duello delle artiglierie di medio e grosso calibro. All'una del pomeriggio ho ricevuto un ordine-fonogramma di intensificare la vigilanza e di lavorare attorno al «blockhouse» essendoci probabilità di un attacco nemico. Ci siamo messi immediatamente al lavoro.

Mentre le artiglierie ricominciavano il loro bombardamento reciproco, abbiamo scavato una trincea a destra e una a sinistra della ridotta. Qui opporremo la prima resistenza. Poi ci chiuderemo nel «blockhouse» che ha tante feritoie quanti sono gli uomini di guardia. La consegna è semplice e categorica. I «blockhouses» devono resistere a oltranza, sino all'ultima cartuccia. Abbiamo infatti un'abbondante dotazione di munizioni.

Il tenente ci ha detto:

— In caso di attacco, voi siete i «sacrificati» se i rinforzi non giungono in tempo. —

Posa di reticolati. Oltre i posti di vedetta, i fili di ferro dentato sono intricatissimi. Il bombardamene nemico sul Volaja è durato sino a notte. Due granate sono cadute poco lungi da noi, ma senza scoppiare.

— Vigilare! Occhi aperti, stanotte, e orecchie spalancate! —

7 Aprile.

Solita ricognizione. Ci siamo spinti oltre il costone Lambertenghi, così chiamato in onore del tenente degli alpini, che scendendo dal Volaja in ricognizione, vi fu colpito a morte da una fucilata austriaca. Qui, alcuni mesi fa, venne catturata dai bersaglieri una piccola pattuglia nemica. Cielo nubiloso. Pochi colpi di cannone nel pomeriggio.

Il morale. Posso scriverne dopo tanti mesi di consuetudine coi soldati? Che cosa è il morale? Definirlo in maniere precisa, racchiuderlo in un breve giro di frasi come un ordine di servizio è impossibile. Il morale appartiene alla categoria degli «imponderabili»: non lo si misura, lo si sente, lo si avverte, lo si intuisce. Il morale è il maggiore o minor senso di responsabilità, il maggiore o minore impulso al compimento del proprio dovere, il maggiore o minore spirito di aggressività che un soldato possiede. Il morale è relativo, variabile da momento a momento; da luogo a luogo. Questo stato d'animo che si riassume globalmente col termine morale è il coefficiente fondamentale della vittoria, preminente in confronto dell'elemento tecnico o meccanico. Vincerà chi vorrà vincere! Vincerà chi disporrà delle maggiori riserve di energia psichica volitiva. Centomila cannoni non vi daranno la vittoria, se i soldati non saranno capaci di muovere all'assalto; se non avranno il coraggio, a un dato momento, di «scoprirsi» e di affrontare la morte. Non si può giudicare il morale dei soldati da un semplice episodio o da un contatto occasionale. Il gesto di un soldato vi può far credere che tutto l'esercito sia composto di eroi, la parola di un altro vi può far pensare esattamente il contrario. L'errore della «generalizzazione» è quello nel quale cadono coloro che parlano di morale senza aver vissuto coi soldati ed essendosi limitali, invece, a una rapida visita o a un fugace colloquio. Il morale dei soldati in prima linea è diverso da quello dei soldati delle retrovie; le classi anziane e le classi giovani hanno un morale diverso; i soldati contadini presentano differenze di morale in confronto dei soldati nati e vissuti nelle città.

Il morale dei soldati che hanno battuto le vie del mondo, è più alto di quello dei soldati che non mossero mai piede oltre la cerchia del borgo natio; le sfumature sono infinite, come innumerevoli sono i tipi umani. Rivendico il diritto di trattare la questione, perchè ho «studiato» coloro che mi circondano, che dividono meco il pane, il ricovero, i disagi, i pericoli; ho «sorpreso» i loro discorsi, fissati i loro atteggiamenti spirituali e nelle più svariate contingenze di tempo e di luogo che la guerra impone al soldato: in prima linea e in seconda linea; in trincea e in riposo; durante, prima e dopo il fuoco; nel treno attrezzato; all'ospedale, nelle tradotte; al deposito di rifornimento, durante le marce di giorno e di notte; sotto la pioggia, sotto la neve, sotto la mitraglia... E la mia conclusione è questa: il morale dei soldati italiani è buono: i soldati italiani sono disciplinati, coraggiosi, volenterosi. Sapendoli prendere per il loro verso, considerandoli capaci di ragionamenti e non semplici numeri di matricola, si può ottenere dai soldati italiani tutto ciò che si vuole; dal lavoro oscuro della *corvée* all'assalto irruente e micidiale della baionetta.

Una compagnia in guerra ha circa 250 uomini. Dal punto di vista del morale si possono dividere in gruppi nella maniera seguente.

Ci sono 25 soldati (artigiani, professionisti e volontari italiani) che sentono le ragioni della nostra guerra e la combattono con entusiasmo.

Altri 25 sono quelli tornati volontariamente dai paesi d'Europa o da quelli d'oltre Oceano. Gente che ha vissuto; gente che ha acquistato una certa esperienza sociale. Sono soldati ottimi sotto ogni rapporto. Ci sono una cinquantina d'individui, giovani, che fanno la guerra volentieri. Il grosso della compagnia, un centinaio, è rappresentato da coloro che stanno fra i rassegnati e i volenterosi: accettano il fatto compiuto, senza discuterlo.

Sarebbero rimasti volentieri a casa, ma ora la guerra c'è e sanno compiere il proprio dovere.

Ci sono in ogni compagnia una quarantina di individui indefinibili, che possono essere valorosi o vigliacchi, a seconda delle circostanze. Il rimanente si compone di refrattari, di incoscienti, di qualche canaglia che non sempre ha il coraggio di rivelarsi, per la paura del Codice Militare. Queste cifre possono variare, ma la proporzione è quella. In definitiva, il morale dei soldati dipende da quello degli ufficiali che li comandano.

Non è il caso, ora, di dire ciò che si è fatto per tenere alto il morale dei soldati italiani e ciò che non si è fatto. Verrà il tempo anche per questo discorso.

8 Aprile.
Sono smontato di guardia dai «posti avanzati». Nel pomeriggio, le solite cannonate. Chi ci bada più?

10 Aprile.
Un volontario italo-inglese così scrive al fratello Marano Arturo, della mia squadra; è un documento interessante:

Caro fratello, sono sette mesi che mi trovo sotto le armi inglesi, ma ancora non sono stato in battaglia, ma se mi toccasse di andare sarei contento di andare a combattere con quei barbari germanesi, sarei contento di morire, ma prima vorrei che qualche germanese mi passasse fra le mani. Caro fratello, tu mi dici perchè non ho raggiunto le nostre armi italiane. Se avessi potuto sarei venuto. Ho scritto al Consolato italiano a Vancouver in Canada e non mi ha mai risposto. Così raggiunsi le armi inglesi e per la verità non si sta male. Io non parlo l'inglese, ma mi «rangio» per bene. Diamoci coraggio tutti e tre i fratelli sino alla vittoria e dopo raggiungeremo la casa paterna tutti e tre insieme, per non più abbandonarla.

11 Aprile.
Fatto due trincee e un sentiero che unisce tutta la linea delle nostre «ridotte». Nel pomeriggio, dodici cannonale a shrapnel.

12 Aprile.
Questa è la guerra del buio, della notte. Le giornate trascorrono in una grande tranquillità: le notti invece sono sempre movimentate. Si comincia a combattere nel crepuscolo e si continua a tenebre alte. Stanotte fuoco vivo di fucileria in Bordaglia Alta. Lo scoppiettare secco dei fucili era, di quando in quando, coperto dal fragore delle bombe a mano.

Stamani una leggera nevicata. Poi, sole. Siamo andati a ultimare le trincee. Quando si tratta di questi lavori, i soldati non «battono la fiacca». Le due trincee dominano tutte la valle del Volaja. Campo di tiro vastissimo, efficace, inibitorio. Me lo ha detto il capitano Ricchieri, dei bersaglieri ciclisti, che conosce a meraviglia queste posizioni. Poiché l'ultima trincea in alto è stata disegnata da me e scavata sotto la mia direzione, il capitano Ricchieri mi tributa un piccolo elogio. Ho preparato su due tabelle di legno, che abbiamo inchiodato su due tronchi mozzali, i nomi delle trincee. La più lunga, che è quella più in basso, sarà chiamata d'ora in poi il «Trincerone dei bersaglieri», quella in alto «Trincea Cadorna» in onore del nostro generalissimo.

Voci del gergo di guerra:
un fonogramma = una cannonata
trottapiano = pidocchio
spazzolino = attendente
cartolina in franchigia = soldato buffo
sigarette = cartucce fucile modello 1891
una busta con quattro carabinieri = lettera assicurata.

13 Aprile.
Mattinata e pomeriggio di calma. A sera fatta, quando eravamo già distesi sui nostri giacigli di paglia ormai triturata, siamo stati svegliati dal fuoco. Le nostre mitragliatrici e quelle austriache cantavano a gola, cioè... a «nastro» spiegato e la fucileria crepitava intensa su Bordaglia Alta e Navagnist. Silenzio fatto d'attesa. Poi una voce ha gridato: All'armi!
Alzarci, armarci, riempire il tascapane di cartucce è stato l'affare di un minuto primo. Siamo discesi in attesa di ordini. Mentre i minuti passavano senza ordini, io osservavo i miei commilitoni. I giovani tradivano una certa emozione, erano impazienti e temevano di giungere in ritardo a portare soccorso ai «fratelli» attaccati in prima linea, ma i vecchi, invece, se ne stavano calmi, quasi impassibili e forse un po' scettici... Più previdenti dei giovani, non avevano dimenticalo il pane, e nemmeno la cicca. Falso allarme? Già: falso allarme. Ci rigettiamo a terra, armati, per essere pronti al primo appello.

14 Aprile.
Pomeriggio di intenso bombardamento. Proiettili di tutti i calibri infuocano l'aria. Gli austriaci si svegliano. La psicologia del vecchio soldato dinanzi al cannone è in queste espressioni. Se è un colpo isolato, il soldato si limita a osservare:
— È il buongiorno! Il buon appetito! La buonasera! —
Se i colpi sono frequenti, vi presta una certa attenzione. Da dove vengono? A ogni scoppio, si dice:
— È un 75! Un 155! Un 280! Un 305! — Difficile sbagliare. L'orecchio è abituato. Infine se il bombardamento è continuo, ininterrotto per ore e ore, una vaga inquietudine afferra l'anima del soldato, che si domanda:
— Che cosa succede? —
Oggi il cannone non sosta. A sera ci giungono notizie incerte sugli effetti del

bombardamento. La più provata è stata la sesta compagnia che occupa posizioni laterali alle nostre, sul Paralba. Un «blockhouse» avanzato è stato preso di mira. Una granata da 155 è scoppiata in pieno sul «blockhouse». Dei nove bersaglieri che lo difendevano, sei sono morti, tre gravemente feriti. Si sono salvate le due vedette perchè stavano quindici metri più innanzi.

15 Aprile.
Sole, ma soffia un vento di tramontana gelidissimo. Esplorazione sulle propaggini del Volaja. Siamo investiti da bufere di neve. Nelle ore pomeridiane, intenso bombardamento. Ci sono alcuni feriti leggeri nella mia compagnia.
I monti che ci circondano sono quasi tutti alti più di 2000 metri: Monte Coglians, 2781; Passo di Giramondo, 1930; Monte Creta Verde, 2519; Paralba, 2693; Pizzo di Monte Garnico, 1363; Pizzo Timau, 2221; Monte Crostis, 2251.
Stanotte sono stato posto di guardia con sei uomini al «blockhouse» n. 2 bis. Notte plenilunare, ma freddo cane. Il vento che veniva dalle gole del Volaja ci tagliava la faccia.

17 Aprile.
Stamani, violento, reciproco bombardamento.
Nel pomeriggio, una ventina di granate sono scoppiate sulla linea dei nostri «blockhouses» di seconda linea, ma senza far danno.

18 Aprile.
In seguito al bombardamento di ieri, il cambio della guardia ai posti avanzati è stato eseguito prima dell'alba. Sveglia alle tre. Mattinata grigia.
La «ridotta» N. 8 che occupo io è stata la più bersagliata dalla artiglieria nemica. Abbiamo raccolto dei cimeli. Schegge, alcune pallette di shrapnel, un bossolo da 125 e due spolette di shrapnel graduate a 64 ettometri.
Neve per dodici ore di seguito. Gli abeti incappucciati nuovamente di bianco danno alla zona l'aspetto di un paesaggio polare, come se ne vedono nelle vecchie illustrazioni di Natale. Freddo. Silenzio. Malinconia.
Questa guerra è il grande crogiolo che mischia e fonde tutti gli italiani. Il regionalismo è finito. Degli uomini che compongono la mia squadra, il Reali è milanese, il Balisti mantovano, il Tonini è piacentino, Melosi lucchese, Ruggeri marchigiano, Mastromonaco del Molise.
Verso sera, un po' di sole. Ma poi la neve riprende...

20 Aprile.
Una notte di plenilunio nell'alta montagna tutta bianca di neve è uno spettacolo magico, indimenticabile. Ho appreso dal *Popolo*, che mi arriva abbastanza regolarmente, la notizia della morte di Gaetano Serrani. Povero amico! Era buono e bravo: non poteva non essere valoroso. Ricordi.

Tristezza.

Stamani, i soliti innocui colpi di cannone. Pomeriggio invernale. Il vento fischia dal Volaja a Navagnist. Nella «ridotta» la conversazione gela. I miei commilitoni sono attorno alla stufa.

22 Aprile.

Vigilia di Pasqua. Un vento sciroccale improvviso ha cambiato la neve in pioggia. L'acqua filtra a guisa di stillicidio. Fragore di valanghe che rovinano tra il Vas e l'Omladet. Il Bordaglia non è più coperto dalla neve e fa sentire fra le rocce la sua voce urlante. La cantilena delle sue cascate predispone al sonno.

È giunta la posta. Molte cartoline illustrate. Domani è Pasqua. Senza le cartoline illustrate, nessuno si sarebbe ricordato della solennità.

Pasqua del 1916.

Quando, prima dell'alba, mi sono alzato per ispezionare la vedetta, pioveva. Poi, la pioggia è diventata nevischio e neve. Nella «ridotta» è tutto uno sgocciolamento. Sul piancito c'è già un bel guazzetto.

— Fra poco si va in buca... — dice qualcuno.

Le ore trascorrono lente, interminabili. Si canticchia:

E anche la Terribile
Dice è stata in guerra;
È stata a Serpenizza
A ramazzar la terra.

Non attacca. Mezzogiorno: nevica sempre. Pomeriggio: nevica ancora. Un giornale. L'annuncio dell'arrivo dei soldati russi in Francia, la conquista del Col di Lana e la conquista di Trebisonda sollevano gli spiriti. Crepuscolo. Nevica sempre. Pasqua bianca.

26 Aprile.

Notte un po' agitata. Verso le due le mitragliatrici austriache hanno incominciato a cantare; nove bombe sono cadute in prossimità della nostra «ridotta» e anche alcuni shrapnel.

Corre voce che abbandoniamo questa posizione, per recarci in altra del fronte, ma sempre in zona Carnica. Smontato di guardia.

Quando si è costretti a vivere in molti, bisogna abbrutirsi quel tanto che basti per sopportare gli inevitabili inconvenienti d'ordine materiale, ma soprattutto spirituale, della promiscuità.

Nel pomeriggio, una valanga enorme di neve si è staccata da pendii dell'Omladet e ha imboccato due canaloni: a un certo punto, la massa bianca faceva un salto di un centinaio di metri, e riempiva col suo fragore la valle. Finalmente il Volaja mostra la sua gobba nuda e non più circondata da nebbia e nuvole.

Verso sera violento bombardamento delle nostre posizioni, sulla selletta, tra il Vas e l'Omladet.

C'è l'ordine di movimento. Si parte!

28 Aprile.

Sveglia di buon'ora. Il Volaja ci ha voluto regalare, a guisa di addio, un'ultima bufera di neve. Giungono i primi soldati di fanteria che ci danno il cambio. Zaino in spalla. Scendiamo. Prima tappa al bivio di Pierabech-Navagnist, per attendere gli altri plotoni della compagnia. Giù nella valle non c'è più neve e fa caldo. Seconda tappa a Forni, per l'adunata di tutte le compagnie del battaglione. Due ore di libertà. Colazione all'albergo della Corona. È con me Reali. Una stanzetta al piano superiore chiara e pulita. Alla parete un bel ritratto a penna di Camillo Cavour, con questa dicitura in francese: *Premier Ministre du Roi de Sardaigne*. Una vecchia di età assai avanzata, ma ancora arzilla, sta agucchiando, vicino alla finestra. Le domando:

— Il confine è molto lontano di qui?

— Non molto. Due ore o più.

— E Come si chiama il primo paese tedesco dopo il confine?

— Luckau.

— Ci siete stata?

— Una volta sola. A Luckau c'è un grande Santuario e tutti gli anni, prima della guerra, si facevano dei pellegrinaggi. Ci vogliono cinque ore di cammino. Si passa da Pierebech e si rimonta il Fleons.

La vecchia mi racconta, poi, l'episodio dello sgombro di Forni, avvenuto alcuni mesi fa, sotto la minaccia di una incursione del nemico.

— Un giorno, all'improvviso, il Sindaco ci diede l'ordine di andar via. Nessuno restò nel paese. Tutte le case furono chiuse e abbandonate. Che confusione! Che disperazione! Le famiglie povere non sapevano come fare, nè dove recarsi. Noi ci fermammo a Ivaro, altri a Rigolata. Donne e bambini piangevano. Scene da piangere. Siamo rimasti lontano quaranta giorni che mi sono sembrati quarant'anni. Ma se tornassero un'altra volta, io non partirei più, anche se fossi sicura di morire fucilata da quei cani. Sono tanto vecchia! —

Ma il caso non si ripeterà. Le nostre difese nella zona dell'Alto Degano sono semplicemente formidabili. Scendere, significa votarsi all'inutile massacro.

Partenza per Comeglians. Nel prato sono rimasti alcuni bersaglieri ritardatari. Due sono ubriachi fradici. Li portano via in barella. Lungo la strada, oltrepassiamo altri soldati, che il soverchio vino bevuto ha gettato a terra. Spettacolo non edificante! La guerra nelle retrovie è cosi. In prima linea il soldato è sobrio e schietto. Giunto nelle retrovie, riprende le vecchie abitudini della bettola mistificatrice. Ecco Comeglians. Grazioso. I suoi dintorni sono, certo, fra i più panoramici di tutta la Carnia. Questa regione afferra il cuore.

29 Aprile.

Mattinata di sole radioso. I boschi offrono all'occhio tutte le più delicate sfumature del verde primaverile, C'è della gioia nella chiarezza diafana dell'orizzonte, nel Degano che rompe le sue acque impetuose fra i sassi, nel bianco della chiesa solitaria che dall'alto di una rupe scoscesa domina il paese, nel fumo delle nostre cucine apprestate dietro un costone perpendicolare, che forma, come mi dice un competente, un angolo morto totale. Oggi, nel paese, c'è più silenzio e più ordine. Le sentinelle vigilano agli accantonamenti. Anche Comeglians come tutti gli altri paesi della Carnia è senza uomini giovani. Si vede qualche vecchio; molti bambini e donne. Ho avuto occasione di conoscere il Sindaco che è proprietario di un albergo.

— Sono lieto — egli mi dice — di averlo avuto mio ospite e conto di rivederlo a guerra finita. —

Parlo con un innamorato della montagna:

— Quando — egli dice — sono giunto alla più alta vetta, mi par di essere il re dei re...

30 Aprile.

Sveglia prestissimo. È ancora notte. Zaino in spalla. Da Comeglians a Villa Santina ci sono 13 km e 800 metri. Arriviamo a Villa Santina verso le sei e ci fermiamo in un prato nelle vicinanze della stazione per consumare il rancio unico. Il sottotenente avv. Antonino Isola, catanese, viene a cercarmi. Ci vediamo per la prima volta, ma ci conosciamo epistolarmente da molto tempo. È ufficiale al 3° fanteria, composto esclusivamente di siciliani. Ottimi elementi, e non lo dico per regionalismo! I miei piccoli siciliani hanno dato e daranno magnifica prova. Non desiderano che l'attacco alla baionetta...

Partiamo da Villa Santina alle 8,12, in treno speciale. Nei vagoni si beve, si canta.

Passiamo, senza fermarci, Tolmezzo e Amaro. Breve tappa a Stazione per la Carnia. In treno sino a Chiusaforte. Di qui a Dogna, a piedi. Tappa notturna.

1 Maggio.

Sveglia all'alba. Prendiamo la strada del Canal Dogna. Una strada carrozzabile, bellissima, creata *ex-novo*. Prima non esisteva che una primitiva mulattiera. Il lavoro è stato iniziato dalla 4^ compagnia del 5° Genio minatori, è stato proseguito e ultimato dalla Territoriale e da squadre di operai. Questa strada è un lavoro che dovrebbe essere visto da quanti negano a noi latini ogni capacità di organizzazione e di tenacia. Questa strada che, domani, costituirà una ottima via commerciale fra Dogna e Touvin, rappresenta il *non plus ultra* della modernità. A ogni svolta ci sono le cantoniere vigilate dalle sentinelle; gallerie, scavate nella roccia, offrirebbero un riparo alla truppa in caso di bombardamento della valle; ci sono delle fontane a zampillo per bere; una teleferica che abbrevia il tratto cosiddetto delle «rampe». Dopo sette chilometri di cammino, giunti a quota 900-1000, ci fermiamo. Siamo al posto. Parte della compagnia si accantona in un gruppetto di case coloniche abbandonate, il mio plotone e il secondo piantano le tende. Il capitano fa adunare i graduati della compagnia e ci comunica che dal Comando del settore dell'Alto Degano sono pervenuti due elogi alla nostra compagnia per il servizio di guerra compiuto lassù.

Qui, le montagne sono più scoscese di quelle che abbiamo lasciato. Abbiamo di fronte la vera parete del Montasio, la cui cima tocca i 2754 metri ed è incappucciata di bianco.

2 Maggio.

Dopo tanti mesi, ho dormito nuovamente sotto la tenda. La prima volta, dopo il mio richiamo, fu a Caporetto, nel settembre. Sonno dolce, profondo, riparatore. Stamani, grande sole. In fondo, scroscia il Dogna. La valle è angusta: meglio, non esiste. Le montagne, a destra e particolarmente a sinistra, scendono a picco. Poche ore di lavoro intenso e abbiamo trasformato l'accampamento. Sotto la tenda abbiamo messo uno strato di fronde di abete e di muschio profumato. Ai lati abbiamo piantato degli alberi per nasconderci alla vista dall'alto. Si respira. Vita semplice. Penso a Rousseau e al suo «ritorno alla Natura».

3 Maggio.

Un Taube ci ha fatto una prima visita, ma volava altissimo.

Conoscenza di alcuni soldati del Genio minatori. Sono interventisti. Uno di essi Nicola Pretto, di Valdagno (Vicenza) mi ha dato da leggere un volume degli «Scritti» di Giuseppe Mazzini. Pomeriggio di calma assoluta. Ho letto la *Nuit de Rimini*. Peccato che il testo sia lardellato di errori di stampa. Mazzini ti afferra. Ho divorato la *Lettera a Carlo Alberto*. L'avevo letta da studente. C'è in questo scritto di Mazzini qualche cosa di profetico. Ho trascritto sul mio taccuino:

«Non v'è guerra possibile per la Francia ove non sia nazionale; ove non s'appoggi sulle passioni delle moltitudini, ove non s'alimenti d'uno slancio comunicato ai 32 milioni che la compongono».

E più oltre:

«Le grandi cose non si compiono coi protocolli, bensì indovinando il proprio secolo. Il segreto della Potenza è nella Volontà...».

E più oltre ancora, nello scritto intitolalo: Di alcune cause che impedirono finora lo sviluppo della libertà in Italia (1832):

«Mancano i capi; mancarono i pochi a dirigere i molti, mancarono gli uomini forti di fede e di sacrificio, che afferrassero intero il concetto fremente delle moltitudini; che ne intendessero a un tratto le conseguenze; che, bollenti di tutte le generose passioni, le concentrassero in una sola, quella della vittoria; che calcolassero tutti gli elementi diffusi, trovassero la parola di vita e di ordine per tutti; che guardassero innanzi, non indietro; ostacoli con la rassegnazione di uomini condannati a essere vittime dell'uno o degli altri; che scrivessero sulla loro bandiera *riuscire o morire*, e mantenessero la promessa».

Non c'è, in questi brani, la divinazione degli eventi odierni? Quale meraviglioso «viatico», per un soldato combattente, gli scritti di Mazzini! Ma chi li conosce fra questi miei 250 commilitoni?

6 Maggio.

Il reggimento, dopo dieci mesi passati nella zona dell'Alto Isonzo, è venuto qui a riposo. Ne aveva bisogno. Ma riposo, non significa ozio. Riposo, se significa non combattere, vuol dire lavorare. Strade, baracche, trincee, spostamento di cannoni.

Stanotte, tempesta. Pareva che la nostra fragile casa di tela dovesse venir spazzata via dal vento impetuoso che mugghiava. La pioggia scrosciava sulla tela, ma dentro non una goccia. Bisogna non toccare la tela.

Oggi, dopo cinque giorni di attesa, la posta. Ho ricevuto fra l'altro una cartolina con questo indirizzo: Cap. B. Mussolini — Armée Italienne — Zona di Guerra (Italia). Ha impiegato un mese giusto a trovarmi. Leggo:

Du front belge, le 18-4-916.
Un petit soldat belge à qui vous avez rendu un immense service vous envoie toutes ses félicitations et son admiration. Vous envoie aussi ses plus ferventes voeux pour le succès des armées de la grande et noble Italie. Un petit frère d'armes qui vous pense bien souvent ainsi sur toute votre grande armée.

ANTOINE GASTON
3.ème Section Armée Belge - B. 132

Nel pomeriggio, Padre Michele, che non rivedevo dal Rombon, è venuto alla nostra tenda. Non per catechizzarci. Ci ha lasciato due pacchetti di eccellenti sigarette brasiliane e alcune copie dell'opuscolo di Giorgio del Vecchio: *Le ragioni morali della nostra guerra*. Bellissimo, ma troppo difficile. Vi sono, nel breve testo, lunghe citazioni in latino e in francese. Vi si parla di trascendenza e di contingenza. Buono per il pubblico delle Università, non per i soldati, la maggioranza dei quali scrive stentatamente alla propria famiglia.

10 Maggio.

Ho conosciuto il capitano comandante la 4^ compagnia minatori. Mi sono trattenuto con lui qualche ora. Si chiama Simoni. Piemontese, un antigiolittiano e interventista fervente. Mi ha narrato vicende guerresche di questa zona che è la più tranquilla (forse) dell'intera fronte. Mi ha parlato d'una compagnia di alpini, conosciuta in tutta la zona del Fella, col nomignolo di «*Compagnia dei Briganti*». Questa compagnia non si compone affatto di ex inquilini delle patrie galere o di gente particolarmente feroce. Si tratta di individui dal fegato sano. Hanno conquistato delle posizioni dominanti e ci sono rimasti, malgrado i contrattacchi ostinati degli austriaci.

Al 18, 19, 20 ottobre, mi racconta il capitano Simoni, i «briganti» dovettero sostenere una dura battaglia. Dopo tre giorni di violento bombardamento, gli austriaci pronunciarono un violento attacco. La proporzione delle forze, nel tratto di fronte ai «briganti», era questa: 123 alpini contro almeno un migliaio di nemici. Questi mossero all'attacco, con lo zaino in spalla e ricoperti di fronde, per dissimularsi. Dopo aver resistito a lungo, i nostri alpini chiesero un rinforzo e andò in linea una compagnia di minatori. — La mia! — mi dice con vivo e legittimo orgoglio il capitano Simoni. — La rotta degli austriaci fu completa. Abbiamo contato, dico contato, 460 cadaveri nemici. Le nostre perdite furono quasi insignificanti. Avemmo poche decine di uomini fuori combattimento. Dall'ottobre gli austriaci rinunciarono a ogni azione.

14 Maggio.
Ho trascorso un pomeriggio pieno di gioia e di schietta fraternità. Alcuni soldati minatori del 5° Genio mi hanno invitato a un amicale simposio nel loro accantonamento che è a due passi dal nostro. I commilitoni del Genio ci hanno preparato un banchetto quasi sontuoso. Ho trascorso sette ore bellissime. Abbiamo parlato di guerra, di politica, di vittoria. Alla fine, per suggellare il ricordo della bella giornata e il vincolo nuovo dell'amicizia, ci siamo scambiati dei messaggi. Non trascrivo il mio perchè non lo ricordo, ma mi piace di riportare quello dei miei commilitoni del 5° Genio, in quanto può documentare del morale dei soldati italiani dopo un anno di guerra. Eccolo:

A Benito Mussolini, che intese la voce delle fumanti rovine del Belgio martire e della Francia invasa e fu assertore fecondo dei diritti della civiltà contro la forza bruta, con ammirazione di italiani, con affetto di commilitoni.
Cap. magg. Nicola Pretto; Ramella Evaristo; Giuseppe Canepari; De Bernardi Edoardo; Serg. Salvadori Alceo; Ceccali Napoleone; Vincenzo Maffei.

È un documento che conserverò fra i più cari ricordi della mia vita.

Mussolini al fronte... interno

Nel partito socialista è in uso un luogo comune: «gli eroi del fronte interno!». E ciascun scrittore di giornaletti di provincia scrive la frase con un compiacimento tra il cattivo e l'idiota: a proposito, raramente: a sproposito, quasi sempre.

Una mania anche questa! Della quale è affetto anche il grande Gaetano Zirardini, il quale ha trattato Benito Mussolini da «eroe del fronte interno».

Ora Mussolini mi invia una lettera personale non destinata alla pubblicazione. E io, anche a rischio d'una reprimenda, la stampo. Non già per Zirardini, che non conta; ma per i non pochi Zirardini più grossi e più piccoli ond'è popolata l'Italia!

Purché si sappia su quale fronte combatta Benito Mussolini.

DE FALCO[13]

18 Luglio 1916.
Caro De Falco,
Torno in questo momento da un'azione nella zona dell'Alto Fella, che mi ha tenuto in movimento due giorni e una notte, insieme con la mia pattuglia di volontari esploratori.

Tutto è andato bene. Il nostro fuoco cominciò alle 15 di domenica scorsa. La fucileria nemica si fece appena sentire. Chi lavorò fu, come al solito, il nostro e il «loro» cannone. Quando gli austriaci si avvidero della nostra presenza in un certo bosco che fronteggia immediatamente le loro posizioni, cominciarono a bombardarci in piena regola. Non erano grossi calibri (credo fossero bocche da 75, 105, 120 e qualche 155), ma le granate piovevano (letteralmente) a quattro a quattro, con un intervallo di uno o due minuti. L'artiglieria nemica frugò e bucò così per almeno un paio d'ore o tre, tutto il bosco, dall'alto al basso. Una granata da 120, scoppiata fra me e un alpino, ferì quest'ultimo, ma non gravemente, a un braccio.

E il pomeriggio finì in una relativa calma, che fu di breve durata. A notte più alta, alcune fucilate di pattuglie richiamarono al fuoco l'artiglieria nemica. Ricominciò il bombardamento a shrapnel. Spettacolo fantastico, sinfonia in grande stile. Noi eravamo all'addiaccio sotto una pioggia temporalesca, riparati contro il grosso tronco di un abete. Io e l'amico Reali, testa a testa. Nel breve intervallo fra uno shrapnel e l'altro, si lavorava furiosamente di piccozzino e di mani per scavarci la buca sempre più profonda. Il colpo di partenza ci metteva sull'avviso. L'orecchio abituato distingueva in quale direzione filava il proiettile e quando si diceva: — Questo è per noi! — giù con la testa...

La fiamma dello scoppio incendiava il bosco per un attimo e poi era il solito vasto scrosciare di pallette, di ramaglie. Certe spolette avevano nel sibilo qualche cosa di umano. Sette shrapnel si abbatterono sul solo nostro albero e non ci ferirono. Alcune pallette vennero a schiacciarsi contro il nostro elmo o cagnom, come diciamo noi, nel gergo di guerra. Alla mattina, spostandoci altrove, gettammo un'occhiata d'addio all'albero che ci aveva salvato e che ora profila, melanconico, il suo tronco spogliato.

M.

III. NOVEMBRE 1916 - FEBBRAIO 1917

Nota Bene

Ho al mio attivo, come soldato, i primi mesi di trincea nella zona dell'Alto Isonzo, nell'autunno-inverno del 1915. Coloro che, con me o dopo di me, sono passati sui costoni tragici del Vrsic, dell'Jaworcek e del Kukh, con venti gradi sotto zero (come nel febbraio del 1916) non dimenticheranno facilmente quelle durissime giornate. Ho trascorso la seconda fase della guerra nella Carnia. Zona relativamente tranquilla, ma di grandi disagi, specie nell'inverno. La prima neve ci visitò il 20 settembre. Poi siamo venuti sulle quote famose del Bassissimo Isonzo. Il primo periodo di trincea sul Carso è già passato. Gli eventi più notevoli sono consegnati nelle pagine che il *Popolo* pubblicherà.

È la guerra aspra sul Carso asprissimo. È la vita e la morte nelle trincee, che segnano le nostre tappe, sulla strada di Trieste. Le trincee fangose e insanguinate oggi inghiottono gli uomini, ma l'Europa di domani vedrà spuntare da quei solchi tragici i fiori purpurei di una più grande libertà.

Oltre il lago di Doberdò

30 Novembre.

Mi hanno detto che per ritrovare il mio reggimento debbo andare a Strassoldo. Parto da Udine alle 17. È sera inoltrata quando arrivo a Strassoldo. Paese deserto, poco piacevole. Per questo i soldati lo hanno ribattezzato: Tresoldi. E forse non vale di più.

Nessuno mi sa dir niente di preciso. Trovo da dormire in una rimessa. Mi sprofondo nel fieno e trovo il sonno.

Più innanzi saprò qualcosa di positivo. Me lo assicura un compagno di viaggio, che trovo lungo la strada. È un bombardiere, che porta al braccio il distintivo di «militare ardito». L'ha ottenuto, egli mi narra, per il coraggio di cui diede prova, sul monte Cimone, dopo lo scoppio della mina austriaca. Cammin facendo, il discorso cade sulla guerra.

— Hanno fatto male, gli austriaci, a dichiararci la guerra. Li ridurremo alla mendicazione. —

Al Comando di tappa mi mandano in una piccola località vicina. Strada lunga e pesante. Per fortuna c'è un grande sole. Giungo ad Aquileia, città dalla eterna impronta romana, a sera tarda. Non mi dimentico di visitare la cattedrale.

1 Dicembre.

Ma non trovo tracce del mio reggimento. È stato in riposo, in questi paraggi, mentre io mi trovavo in licenza invernale, ma da qualche giorno è in linea. Oltre Isonzo saprò qualche cosa di preciso. Nelle strade larghe e diritte del basso Isonzo, il movimento è semplicemente formidabile, supera la mia immaginazione. Al bivio di Pieris trovo, conduttore di un camion, un amico interventista della vigilia. Monto sul camion.

Ecco l'Isonzo. Ampio, ceruleo, chiarissimo. Ronchi, quasi intatto. Trovo alcuni sottufficiali miei amici che mi invitano a dividere la loro mensa. Mentre si mangia, gli austriaci mandano quattro granate dirette alla stazione. Grande sinfonia di shrapnel contro un velivolo nemico. Alle ore quattro, partenza. Seguo il mulo che porta la mensa agli ufficiali della mia compagnia. Al bivio Selz-Monfalcone, una grande colonna, fatta con pietre appena scheggiate, reca un'epigrafe che non mi è possibile copiare. I muli vanno in fretta. Il movimento, salvo in alcuni punti, non è congestionato. Passo sotto le cave di Selz. Ora comprendo le difficoltà enormi che dovettero essere superate, per espugnare quel primo grande bastione dell'altopiano carsico. I nostri cannoni tuonano sempre.

I segni delle battaglie sono ancora evidenti. Il terreno è lacerato. Trincee sconvolte. Casupole rovinate, alberi divelti. Nulla è in piedi. La guerra è passata qui, col suo terribile rullo compressore. Negli angoli, croci solitarie e collettive. È il crepuscolo. Mi volto, per guardare la pianura dell'Isonzo.

Laggiù, è una striscia di mare.

Doberdò è un nome. Del villaggio non restano che mucchi di macerie. Passiamo vicino ai due laghi o, meglio, due grossi stagni morti. Alcune voci: è la nostra quota. Tumulto di voci. Un camion è fermo: ha portato l'acqua. Trovo i bersaglieri della mia compagnia. Affettuosissime strette di mano. Mi attendevano.

— Si parlava proprio di voi, in questo momento — mi dice un bersagliere amico, di Vernole, provincia di Lecce. Ricordo che egli mi volle portare lo zaino da Quel Taront a Minigos. Non dimenticherò tale atto di affettuosa simpatia da parte di questo umile contadino pugliese. Salgo ai nostri baraccamenti o ricoveri. Prendo posizione nel baracchino del sergente. Sera di stelle e di luna. Mi presento al colonnello, che si trova in primissima linea.

Nella nostra compagnia ci sono stati quattro feriti da scoppio di granata. Uno dei carabinieri addetti al Comando del reggimento è morto, l'altro ferito.

Il morale dei bersaglieri mi sembra elevato, certamente superiore a quello della zona Gamica.

— Abbiamo tanti cannoni! Avanzare sarà facile! — Un senso di fiducia è diffuso in tutti. Andremo innanzi. La parola d'ordine che circola fra noi, è questa: O Duino mangia i bersaglieri, o i bersaglieri mangiano Duino!

Ore 10 di sera. Mentre scrivo, i nostri cannoni urlano senza tregua. Sulle quote è un bagliore di raggi e di proiettori. Non so come riassumere le impressioni tumultuose di questa prima giornata di trincea sul Carso. Sono profonde, complesse. Qui la guerra si presenta nel suo aspetto grandioso di cataclisma umano. Qui, si ha la certezza che l'Italia passerà. Arriverà a Trieste e oltre!

2 Dicembre.

Notte tempestosa di bombardamento intenso. I nostri cannoni non hanno avuto un momento di tregua. Stamani piove. Sono le undici. Tre grosse granate austriache. Continua il bombardamento da alcune ore. Passano sulle barelle i nostri feriti. Non sono molti e nemmeno gravi. Ma c'è un morto lassù. Una granata lo ha schiacciato sotto una roccia. Alcune granate sono cadute nel lago sollevando colonne di acqua. Verso sera, sono entrate in azione le nostre batterie. Da qualche ora, gli austriaci tacciono. I nostri cannoni tamburegiano. Mentre scrivo sono giunte tre grosse granate austriache e uno shrapnel. Altre quattro. Nel mio ricovero si gioca tranquillamente a tresette.

Lungo le rive del lago ci sono dei frammenti di membra umane. Nella selletta due cadaveri di austriaci stanno decomponendosi. Poco lungi, un altro morto insepolto. Giungono, col vento della sera, ondate di tanfo di cadaveri. Nella selletta ci sono due cimiteri: uno austriaco e l'altro italiano. Ieri una grossa granata disseppellì alcuni morti. Macabro. Ora comprendo come il solo nome di Doberdò terrorizzi gli ungheresi. Espugnare queste rocce: quale meravigliosa pagina di eroismo latino!

3 Dicembre.

Ho lavorato come un mulo per costruirmi il mio ricovero blindato. Ho un socio che mi aiuta e che dividerà con me il posto all'albergo! Fuoco intenso delle artiglierie per tutta la giornata. Nel pomeriggio, sette Caproni[14] sono passati su di noi. A sera fatta, incursione di velivoli nemici.

4 Dicembre.

Pioggia, stanotte. Mattinata livida e tranquilla. Mentre scrivo passano quelli che hanno «marcato visita».

Il tempo è indubbiamente alleato dei tedeschi. La pioggia ci costringe a dei rinvii che permettono agli altri di fortificarsi. La pioggia ci demoralizza. Noi siamo figli del sole! La terra del Carso è attaccaticcia, non v'è modo di liberarsene. È rossa più del sangue umano. Sono stato a fare una visita al cimitero ungherese o italo-ungherese. Su una tavola della porta sta scritto:

EXORIARE ALIQUIS EX OSSIBUS NOSTRIS ULTOR

Ci sono molte croci, ma quelle del cimitero italiano sono più numerose. Di feriti, finora, quattro soltanto, per lo scoppio di una granata; uno solo di questi, grave, ma non mortale.

Pomeriggio quasi calmo.

Nel crepuscolo della sera, le gobbe delle quote del Carso, si presentano come divorate, lacerate dalla scabbia. Cielo nubiloso. Solito reciproco e abbastanza innocuo cannoneggiamento serale. Stasera, niente posta.

Una voce: il bombardamento per l'avanzata comincerà stanotte. Vedremo e sentiremo. Mentre scrivo, sulle creste dietro a noi è tutto un vampeggiare e un tuonar di cannoni. Che sia il preludio?

5 Dicembre.

Cielo buio e terra più livida ancora. Finito il mio ricovero, è venuto l'ordine di spostarci. Succede sempre così. Ora mi trovo in trincea sui margini del lago di Doberdò. Radi uccelli bianchi e neri volano sulle acque che il vento mattinale increspa appena. Io lavoro a farmi una nuova tana. Lago di Doberdò! Chi vive a lungo presso le tue rive, perde l'abitudine umana del riso. Qui la tragedia, prima ancora di essere negli uomini, è nel terreno. Da tre ore i cannoni austriaci ci bombardano. I nostri rispondono. Qualche volta non si capisce quali siano i colpi in partenza e quali quelli in arrivo. Nel cielo è tutto un sibilare di granate che vanno e che vengono. Durante un bombardamento, io non amo la compagnia. Mi piace starmene solo. Ho la superstizione che sia più difficile trovarmi.

Un lembo di azzurro verso Duino. I pali metallici che conducevano l'energia elettrica da Monfalcone a Gorizia, si rincorrono per lungo tratto e visti in lontananza, di notte, sembrano croci gigantesche di un cimitero sterminato. Quanto sangue ha bevuto e berrà questa terra rossa del Carso?

Un tenente, che viene a trovarmi, mi dà le prime notizie sugli effetti del bombardamento di stamani.

I cannoni continuano a urlare. Sono le quattro. Il tenente che comanda la mia compagnia mi invita a dividere la mensa serale degli ufficiali. Sono con lui vari sottotenenti, di cui uno ha il comando del mio plotone.

Il ricovero è così basso, che non si può stare nemmeno seduti. Notte. Raffiche di vento e di pioggia. Dalle 9 alle 10 intensissimo bombardamento alla nostra sinistra. È un mugghiare ininterrotto di grossi calibri. Un tambureggiamento sordo che giunge alle orecchie come il boato di un uragano. Piove, ma io e il mio compagno siamo abbastanza bene riparati nel ricovero nuovo che ci siamo costruiti in poche ore di lavoro. Anche stasera, niente posta. Meglio cercare il sonno.

6 Dicembre.

Stanotte, il mio compagno mi ha svegliato bruscamente.

— «Cristiga»! Siamo in mezzo all'acqua! —

Accendo un mozzicone di candela. Il ricovero è inondato e l'acqua vien giù a catinelle. Proviamo a vuotare la tana con le gavette, ma è fatica inutile. Ci decidiamo a mettere tre tavole in alto e lì ci distendiamo, bagnati fradici, ad attendere l'alba. D'ora in ora, si accendeva un fiammifero, per constatare la crescita dell'acqua.

Finalmente, l'alba. Verso Aquileia, c'è un vasto tratto di sereno, ma dietro noi, verso l'Austria, il cielo è cupo. Se venisse il sole! Il buongiorno ci è stato dato stamane dai cannoni austriaci: tre colpi di piccolo calibro finora. Comincia il solito martellamento dei nostri. Quando piove, nelle trincee del lago di Doberdò, si sta peggio che sull'Adamello in una notte di tormenta. Queste sono trincee costruite sotto il fuoco dei cannoni e risentono dell'improvvisazione. Sono muretti di sassi. I dispersi: ce n'è uno, nostro: un bersagliere ciclista caduto con la faccia protesa in avanti mentre andava all'assalto. Vicino a lui, il moschetto con la baionetta innestata. È là, solitario. Perchè nessuno si cura di seppellirlo? Forse per conservare alla famiglia un'ultima illusione sul «disperso»?

Un po' di sole. Bombardamento pomeridiano inevitabile. Loro tirano sul Kri-Kri, sul rovescio di quota 208, e nella selletta fra prima e seconda linea nostra. Verso la pianura s'innalzano adagio adagio tre grandi palloni-drago. Qualche colpo dei loro fa cilecca. Specie i grossi calibri. Passano in alto, lentamente, quasi ansimando e gemendo i grossissimi proiettili che vanno molto lontano. Io, tutto solo, fuori della mia tana, a mio rischio e pericolo, mi godo lo spettacolo auditivo e visivo. Rombo di un velivolo nostro che fila verso Gorizia. Dal Golfo di Panzane s'addensano nuove nubi temporalesche. Finché dura lo scirocco non farà bel tempo.

Crepuscolo tranquillo. Sono andato a trovare un amico tenente, romano, che ora comanda una sezione di mitragliatrici. Non lo vedevo più dal Rombon. Egli mi ha narrato che i disertori austriaci hanno manifestalo tutti un sacro terrore dell'artiglieria italiana. Molti di loro venivano dalla Galizia.[15]

— Là, è un paradiso a paragone del Carso — dicono. — L'artiglieria russa fa pum-pum-pum a lunghi intervalli, ma non fa il fuoco a tamburo come l'italiana. —

Il rancio giunge alla sera. È l'unica distribuzione dei viveri in 24 ore. La razione è ridotta. L'appetito è sempre quello. Serata movimentata. Verso le nove, un attacco nemico si è delineato alla nostra sinistra, su quota 208. Dopo un vivo fuoco di fucileria, sono entrati in azione i nostri piccoli calibri. Sono uscito dal ricovero per vedere di che si trattava. Un nostro proiettore illuminava la selletta fra la quota 208 e la nostra. Tutto il costone era punteggiato dallo scoppio ininterrotto dei nostri shrapnel e delle nostre granate. Il tambureggiare violento era di quando in quando soverchiato dallo scoppio dei grossi proiettili. Tutto il costone era avvolto in una nube di fumo, rossigna, squarciata spesso dai bagliori. Tutti i bersaglieri, armati, sono usciti dai ricoveri. Il fuoco dei nostri cannoni ci elettrizza. Una quarantina di minuti è durato il tambureggiamento. Ora è finito. Passando dai ricoveri, ho raccolto le impressioni dei miei commilitoni.

— Qui si vede la forza degli italiani!

— Non è più come sullo Jaworcek

— Adesso sono loro che si «spicciano»!

— Devono avere avuto una buona scopola!

— Hanno fatto male a muoversi i tedeschi, moltissimo male!

Passa un nostro ferito, colpito da una scheggia di granata al piede.

Alla 6^ compagnia c'è stato un morto. Ora è silenzio. Soltanto le vedette sparano straccamente. Vicino a me, i mitraglieri di una sezione lavorano a farsi i ricoveri. Canticchiano sommessamente:

Bella bambina,
Capricciosa garibaldina,
Tu sei la stella,
Tu sei la stella di noi soldà.

La voce dei nostri cannoni: ecco l'argomento travolgente per tenere elevatissimo il morale dei soldati.

Cielo velato dalla foschia. Attorno alla luna è un cerchio.

— Cerchio lontano, pioggia vicina, — mi dice un tenente e aggiunge: — Me ne rincresce, perchè ciò rimanda la nostra avanzata. —

C'è un po' d'impazienza in tutti, anche nei più negativi! Avanzare! La lotta, col suo apparato avventuroso, emozionante, e malgrado i suoi rischi, affascina il soldato. La stasi debilita. L'azione rinfranca. Stanotte bisogna dormire con un occhio aperto.

7 Dicembre.

Tanto per cambiare, piove a dirotto. Il nostro ricovero è un guazzetto di acqua e di fango. Stamani, in un'ora di sosta, le nostre artiglierie avevano aperto un fuoco violentissimo sulle posizioni nemiche. Ora tacciono. Quelle austriache brontolano alla nostra sinistra. La pioggia è il quinto nemico nostro ed è, forse, il più massacrante di tutti.

Gli automobilisti non sono imboscati perchè sono indispensabili. Quelli che tutte le sere ci portano acqua e viveri a duecento metri di distanza dalle nostre trincee di prima linea, rischiano la pelle come noi. Non è molto che un camion con un carico di granate è stato colpito in pieno, lungo la strada di Doberdò, da un proiettile nemico. Coloro che lo guidavano sono andati in pezzi.

Mezzogiorno: piove sempre e più forte. Iersera, dopo sei lunghi giorni di privazione, mi è giunto il *Popolo*, primo numero dopo lo sciopero tipografico milanese.

8 Dicembre.

Ieri sera, sull'imbrunire, ci siamo spostati alla trincea estrema della nostra linea. Pioveva forte. Ci siamo allogati in una tana fangosa. Rada fucileria. Sciupìo di razzi. Gli austriaci sono a 30-50 metri da noi. Ieri sera lavoravano intensamente. Si udiva lo spicconare e il battere delle mazze. Stamani non piove, ma l'orizzonte è grigio. Le artiglierie lavorano, ma senza impegnarsi troppo. Nei ricoveri abbandonati dagli austriaci sul rovescio del Debeli, abbiamo trovato delle mazze ferrate. La nostra trincea qui ha un tracciato così bizzarro, che potremmo essere colpiti di fronte e di fianco. Ma fra noi e i tedeschi è convenuto una specie di tacito accordo, per cui non ci spariamo. Noi li vediamo e lasciamo inoperosi i nostri fucili; essi ci vedono (e noi ci facciamo vedere anche troppo!) ed essi non tirano. Siamo qui, in queste buche di fango, inchiodati, immobili nell'attesa del nostro destino.

La pioggia di questi giorni ha abbassato un po' il livello del morale bersaglieresco. Siamo tutti bagnati, fradici, non abbiamo che una coperta e il cappotto: siamo privi degli zaini e non li riavremo se non tornando a riposo. Non un lembo di azzurro: cielo uniforme, bigio, come il saio di un frate, e sgocciolante.

La nostra trincea cinge il campo dell'ultima battaglia del novembre. Nelle buche dei 305 abbiamo raccolto e sepolto i cadaveri degli austriaci. Attorno, un po' di calce bianca.

9 Dicembre.

Pioviggina. Però, sembra che l'orizzonte voglia finalmente schiarirsi. Comincia la sinfonia quotidiana dei grossi calibri. Gli austriaci sparano poco con calibri piccoli. Tamburreggiamento dei nostri.

Stanotte un prigioniero austriaco si è dato spontaneamente alle vedette della 7^ compagnia. Egli ha raccontato che il nostro fuoco dell'altra sera ha cagionato gravi perdite agli austriaci. Il prigioniero è l'unico superstite di un posto colpito in pieno. Gli altri tre sono morti. Una nostra pattuglia si è recata al piccolo posto ed è tornata con tre zaini tirolesi e sette fucili.

Pomeriggio. Un raggio melanconico di sole. Una granata austriaca è caduta nella «loro» trincea. Immediatamente hanno levato tre razzi per avvertire dell'errore. Fetore di cadaveri insepolti o mal sepolti.

Sereno? Un raggio di sole ha squarciato la fitta tendina nuvolosa che ci mortificava e aduggiava da parecchi giorni. Ne approfittano le artiglierie. Un nostro 280 apre nei reticolati della loro trincea un varco di almeno dieci metri. «Loro» ci battono a shrapnel. C'è un ferito alla 7^ compagnia, ma non è grave. Il cielo si rasserena e si rasserenano gli animi. Il concerto continua. Un grosso proiettile è calato in pieno su alcuni ricoveri avanzati. Ci sono uomini fuori combattimento.

10 Dicembre.

Stanotte, dalle 2 alle 3, ho lavorato a scavare un camminamento fra le nostre prime linee. Nelle tenebre, appena rischiarate dalla luna dietro le nubi, il campo di battaglia dell'ultima nostra avanzata presenta un aspetto fantastico. Non si vedono, nel terreno sconvolto e frantumato, che detriti e rottami di ogni specie. Ondate di lezzo cadaverico. I tedeschi lavorano indefessamente ogni notte dalle sei della sera alle sei del mattino. Cento mazze picchiano le basamine e cento mine scoppiano nella notte. Questo lavoro non ci impressiona eccessivamente. Noi sappiamo che nulla resisterà all'azione delle nostre artiglierie. Stamani cielo grigio. Ore dieci: ripresa un po' stanca dei grossi calibri. Il concerto si accentua, mentre l'orizzonte si rischiara.

Jamiano, il paese che fu raggiunto e abbandonato nella nostra avanzata del novembre, non dista da noi, in linea d'aria, più di 500-700 metri. Un 305 che passa ogni quindici minuti regolarmente sulle nostre linee, mugola come un tranvai.

Pomeriggio di pioggia sottile, implacabile! Nella trincea, silenzio. Qualcuno canticchia, ma sommessamente, senza convinzione. Qualche colpo intermittente delle artiglierie aumenta la melanconia. L'attacco austriaco dell'altra notte a quota 208 è stato riferito nel Bollettino del Comando Supremo in questi termini: «Sul Carso continuò ieri l'attività delle artiglierie. La sera, l'avversario, dopo violenta preparazione di fuoco, tentò due successivi attacchi contro le nostre linee a nord-est della quota 208 sud e fu nettamente arrestato e respinto».

11 Dicembre.

Ieri sera siamo rientrati, dagli avamposti, all'accampamento. Pioveva forte. Molli sino alle ossa, abbiamo atteso pazientemente il cambio. Nell'atto di cedere il mio... appartamento al nuovo venuto, l'ospite ignoto, questi mi ha chiesto:

— Dove sono i tedeschi?

— Lì, a venti metri.

— Tirano col cannone?

— No, perchè siamo troppo vicini a loro.

— Con le bombe?

— Nemmeno. —

Mezzanotte. La pioggia è cessata e il vento impetuoso fa galoppare le nubi. È terminato adesso un violento attacco austriaco di sorpresa, contro la nostra linea.

Dormicchiavo. Sono stato svegliato dagli scoppi striduli delle bombarde. Poi la fucileria ha iniziato il fuoco. Violento. Sembra il ticchettio di una gigantesca macchina da scrivere. Sono con me, nella nuova tana, alcuni bersaglieri.

Qualcuno mi dice:

— Picchiano?

— Pare! E forte! —

Il fuoco dell'artiglieria nemica aumenta di vigore. Gli shrapnel scrosciano sui ricoveri e, poi, è tutta una pioggia di schegge e di sassi. Silenzio d'attesa. Un grido vicino lacera l'aria: Portaferiti! Portaferiti!

Ora le nostre artiglierie sono entrate in funzione. È un concerto infernale.

— Giovanotti, armatevi e tenetevi pronti! — ordino ai compagni. Un tenente passa correndo da riparo a riparo, urlando:

— Bersaglieri, armatevi, ma non uscite dai ricoveri! — La tempesta delle artiglierie continua, con un crescendo indiavolato. La fucileria, sopraffatta dalle esplosioni, non si sente più. Lo scoppio dei grossi proiettili fa sussultare la collina. Noi, immobili, attendiamo sempre.

È finita. Passa un ferito alla testa, ma non è grave. Cammina, senza scarpe, sul fango, saltellando verso il posto di medicazione. Tre barelle di feriti alle gambe. Un altro portato a spalla. Un ferito al braccio. Due sono gravi. Vanno senza un lamento.

— Sergè, quaggiù c'è uno che non si muove più. È con la faccia a terra...

— È morto?

— Non lo so.

— Voltalo e portami il piastrino di riconoscimento. — È morto. È il romano. — Un gruppo di bersaglieri è raccolto attorno al cadavere. È stato fulminato da un palletta di shrapnel, mentre usciva dal ricovero. Appello delle squadre. Nel mio plotone nessun ferito. Nelle altre compagnie ci sono alcuni uomini fuori combattimento.

Mattinata temporalesca. Burrasca. Le artiglierie tacciono. Mezzogiorno solatìo. Usciamo tutti al sole malgrado gli shrapnel. Ci asciughiamo un po'. Nel pomeriggio i loro cannoni tirano qua e là. Mentre scrivo, tirano sulla nostra terza linea, ma le granate cadono nel lago sollevando colonne d'acqua. Dal punto dove mi trovo si vede un piccolo tratto di mare. Una domanda che i bersaglieri mi rivolgono spesso:

— Quanto siamo lontani da Trieste? —

Il tenente che comanda la mia compagnia è stato promosso capitano. Gli mando le mie felicitazioni.

— Per «bagnare» le stellette ci vorrebbe un barile di grappa... — commenta un bersagliere che prima della guerra dimorava a Trieste.

Dicembre in trincea

12 Dicembre.

Finalmente un po' di sole. Distribuzione delle maschere nuovo modello contro i gas asfissianti e lacrimogeni. Le nostre sono più estetiche di quelle austriache. I bersaglieri escono dai ricoveri. Si ripuliscono un po'. Molti barbieri piantano bottega fuori, a rischio e pericolo loro e del... cliente. Qua e là si gioca a carte. Nel pomeriggio, tambureggiamento solito delle nostre artiglierie.

Un caporal maggiore del 7° bersaglieri viene a trovarmi nella mia tana. Mi parla di Bonomi, di Codifava Tommaso e di altri più o meno noti personaggi della politica mantovana. Mi si dichiara neutralista, ma non di quelli arrabbiati. Il 7° bersaglieri ha avuto sin qui perdite superiori alle nostre. Il 280 scoppiato giorni fa nei ricoveri ha fatto qualche vittima.

— Io ho sempre creduto che lei fosse al fronte... Stasera scrivo del nostro incontro a Codifava... — Ci salutiamo con molta cordialità.

Il generale che comanda la nostra brigata viene spesso fra noi e parla coi bersaglieri da uomo a uomo. Ciò gli procura vive simpatie. È bene parlare e spesso a quest'umile gente, cercare spesso di scendere verso queste anime semplici e primitive, che costituiscono ancora, malgrado tutto, uno splendido materiale umano.

Battaglia di velivoli nella nostra quota. L'austriaco ha tagliato la corda. Non posso sottrarmi alla curiosità dei bersaglieri di un reggimento che sta alla nostra destra. Tre bersaglieri si fermano dinanzi alla nostra tana, un po' esitanti. Un caporal maggiore mi dice:

— Scusi la nostra curiosità. Lei è...

— Sono io. —

I tre commilitoni mi stringono la mano, siedono come possono, e iniziamo un'amichevole conversazione. Il loro reggimento è stato quindici mesi nel Trentino occidentale, attorno a Bezzecca, ed è stato benissimo. Niente grosse battaglie e perdite insignificanti. Il mio interlocutore è bresciano, ora dimorante a Romagnano Sesia, dove è impiegalo nel Convitto Curioni.

13 Dicembre.

Notte di pioggia a scrosci. Primo visitatore. Un bersagliere dell'84, mantovano, che non mi vedeva più da molti mesi.

— Sono tanto contento di averlo ritrovato. Più contento che se avessi trovato mio fratello... — mi dice. — Potrò dire che anche lei è stato in questo inferno e non ha «tagliato la faccia» ai suoi vecchi compagni dell'84. —

Mattinata ventosa. Il lago di Doberdò è buio. Sento sulla pelle la prima passeggiata dei pidocchi. Ci sono i corredini anti-parassitari. Già. Ma bisognerebbe averne uno ogni quindici giorni. La efficacia del «corredino» è limitata. Dopo quindici giorni, i pidocchi passeggiano tranquillamente su quel «corredino» che avrebbe dovuto sterminarli... Pidocchio più, pidocchio meno... Mattinata e pomeriggio di calma insolita. Sono le due e da stamani gli austriaci non ci hanno mandato il quotidiano 305 e nemmeno uno shrapnel. Anche i «nostri» riposano. Il tempo è sempre nero, minaccioso. I bersaglieri approfittano di queste ore di quiete, per pulire i fucili.

14 Dicembre.

Ogni tanto ci spostiamo da un trinceramento all'altro. I cambi sono talvolta troppo frequenti. Ciò spiega qualche negligenza dei soldati nel migliorare trincee e ricoveri. Per una dimora troppo breve non vale la pena di affaticarsi... Ieri fu, per me, una giornata di tetraggine. I miei nervi «sentivano» il tempo? Pare, perchè ieri sera si scatenò un violento temporale. Tutta la notte ha piovuto. Nessuno ha chiuso occhio. Ancora prima dell'alba, profittando di una breve sosta, siamo usciti per migliorare un poco questi infelicissimi «baracchini». Anche oggi piove. Torrenzialmente. Queste tre settimane di pioggia incessante hanno esercitato un'influenza depressiva sul morale dei soldati. Anche le condizioni di salute ne risentono.

Non fa freddo, ma il fango, l'umidità, il grigiore dei brevi giorni e il buio pesto delle notti lunghissime, sono altrettanti elementi che contribuiscono ad aumentare la musoneria di tutti. Siamo venuti qui di notte. Le marce notturne, anche brevi, affaticano. Io stento molto a camminare fra le tenebre, sotto un cielo di inchiostro. Scarsa attività delle artiglierie. Le mie mani hanno ora il segno della più grande nobiltà: sono sporche della terra rossiccia del Carso!

15 Dicembre.

Ieri sera, uno dei conducenti, i quali sono i nostri giornali parlati, ha diffuso la notizia: Sul giornale «ci sta» la pace!

Ho pensato che doveva trattarsi delle comunicazioni di B. Hollweg. La notizia non ha sollevato soverchia emozione fra di noi. Pur sapendo che io leggo i giornali, nessuno mi ha chiesto nulla. Questa indifferenza è sintomatica. Si è parlato troppe volte di pace perchè non esista un tal quale scetticismo, nell'animo dei soldati.

— Non credo più a nulla, — ha detto uno di loro — sino a quando non vedrò le bandiere bianche sulle trincee. —

Nottata interminabile, di pioggia a raffiche. Fuoco di bombe agli avamposti.

Stamani, qualche colpo di cannone. L'artiglieria austriaca tira a caso. Questa è la mia impressione. Un colpo qua, un colpo là. Una granata sulle trincee, uno shrapnel sulla strada di Doberdò, che molto spesso finisce nel lago. Ciò non turba il solito viavai. Solito e inevitabile. Ecco la strofa di una canzone in voga fra noi:

O Gorizia, tu sei la più bella

E il tuo nome risuona lontano;
Or sei passata al dominio italiano,
Sarai protetta dal nostro valor!

Oggi piove, come ieri, come sempre. Pare una maledizione. Pomeriggio di pioggia incessante. Nel mio ricovero è tutto uno sgocciolamento. Non c'è dubbio: il tempo è il «loro» alleato e forse il migliore. Ci sono in queste trincee dei topi fenomenali. Sembrano gatti e danno anch'essi l'assalto notturno... alle nostre pagnotte. Qua e là, per ingannar la noia, si canticchia:

Là ci vedrà la luna,
La luna la spia non fa;
Là ci vedran le stelle,
Le stelle la spia non fan!

Tutte le sere, verso il crepuscolo, l'attività delle opposte artiglierie si rianima, e nell'aria è tutto un sibilo di «telegrammi», come diciamo noi nel nostro gergo. Stasera l'orizzonte è di fiamma, verso la vecchia Italia. Sento lungo la strada il rombo dell'automobile che ci porta l'acqua e lo sciacquìo sordo dei muli che vengono in lunga interminabile fila. Verso le linee nemiche è un continuo scoppiare di mine. Sono i tedeschi che scavano le loro «tane di volpe», nelle quali, al momento buono, rimarranno sepolti. Ci sono delle trincee austriache che è impossibile ripulire, tanto sono piene di morti. Di qui il loro pazzo terrore delle nostre bombarde. Si dice che una volta ci abbiano gridato:
— Se voi non tirerete più con le vostre bombarde, noi non getteremo più i gas asfissianti. —

16 Dicembre.
Stanotte non ha piovuto. Miracolo! In compenso, le artiglierie hanno sparato vivamente, soprattutto la nostra, sino a stamani. Tempo incerto. Abbiamo avuto un paio di mutande, una camicia, un paio di calze. Tutta roba eccellente. Ci siamo cambiati.
Stiamo meglio. Stamani, nei ricoveri, l'argomento della pace è in discussione. Ma la nota predominante è lo scetticismo, come al giungere della prima notizia. Qualcuno, però, ha già notato che stamani l'artiglieria tace. Sul nostro fronte, sì, ma laggiù, verso il mare, il cannone brontola cupamente. Soliti shrapnel distratti.
Pomeriggio di nebbia. Freddo.

17 Dicembre.
Ieri sera, verso le sei, fuoco intenso e insolito degli austriaci sulla strada di Doberdò. I conducenti frustavano furiosamente i muli e correvano. Shrapnel e granate piovevano a quattro a quattro. Ma, fortunatamente, pochissime

facevano bersaglio. O cadevano nel lago o al di sopra, sul Debeli. Mentre l'artiglieria infuriava, noi ci siamo spostati lungo la grande strada maestra che costeggia e domina il lago alla sinistra, e siamo venuti agli avamposti. E già notte. Nel cielo è un punteggiare timido di stelle. Io le guardo con la trepida adorazione di un innamorato. È il sereno? Tornerà il sole?

Alla nostra destra, lungo il costone di quota 144, gli austriaci lanciano grosse bombe. Quando giungono a terra, sprizzano alcune scintille, poi è lo scoppio, talvolta fragorosissimo. Una di queste bombe deve essere caduta in trincea, perchè si è udito urlare: O Dio! O Dio! Portaferiti...

Poi, silenzio. Gli austriaci hanno continuato ancora per molte ore. Le stelle sono scomparse. Il cielo è tornato buio. Nelle tenebre del camminamento, qualcuno, brancolando, mi afferra. Io gli dico:

— Di là, di là!

— Chi sei? — Riconosco dalla voce il capitano.

— Buonasera, capitano.

— Buonasera, Mussolini. —

Adesso i nostri piccoli calibri tempestano. Stamani, pioggia. Tutta la notte, sino all'alba di stamani, i nostri cannoni hanno bombardato le posizioni nemiche di prima e di seconda linea. Ieri sera, all'accampamento, c'è stato un solo ferito del 7° bersaglieri, ma grave. Ha una gamba spezzata. Nei ricoveri si parla poco della pace tedesca. Il discorso cade più volentieri sul riposo, che sembra imminente. La trincea, sul Carso, impone duri sacrifici e più duri disagi alle truppe. Pomeriggio di pioggia, sottile sottile. Più che nelle ossa, sembra filtrare nelle anime.

18 Dicembre.

Tutta la notte, cioè a dire quattordici ore continue, ha piovuto. Stamani, finalmente, il sipario uniforme delle nubi sembra levarsi. Il chiarore promettente viene da Trieste, insieme a un venticello freddo. Prime notizie: la bomba dell'altra sera ha fatto due morti e cinque feriti. Il colonnello passa per la nostra trincea e ci domanda:

— Come va?

— Bene — rispondiamo.

— Avete freddo?

— Non tanto. Ci vorrebbe di quando in quando un fiaschetto di vino... — Il colonnello si allontana.

Da qualche ora gli austriaci battono le nostre posizioni col solito loro tiro irregolare. Due granate su quota 208, una mezza dozzina di shrapnel su di noi, due grosse marmitte su quota 144. Qualche 280 sulla seconda linea.

Mezzogiorno. L'orizzonte si chiarisce, ma il sole continua a fare il latitante.

Uno zappatore ci dice che una granata è caduta tra due ricoveri del 7° bersaglieri. Ci sono quattro morti e sette feriti.

Qualche discorso sulla pace tedesca. La supposta condizione che l'Italia dovrebbe restituire le terre conquistate all'Austria, suscita l'indignazione generale. Scommetto che se si facesse un referendum, non si troverebbero dieci soldati propensi ad accettare questa condizione. Dopo tanto sangue e tanti sacrifici!

Ora che il reggimento è tutto riunito, trovo dei commilitoni che non rivedevo più dal settembre dell'anno scorso, quando, giunti sullo Jaworcek, fummo ripartiti nei diversi battaglioni. Un incontro gradito è quello del sergente zappatore Tudori Modesto di Tirano (Sondrio). È un operaio che ha compreso la necessità della guerra nazionale.

— La pace tedesca, no. Tutti desideriamo la pace — mi dice — ma giusta e duratura! —

Mentre scrivo, gli austriaci hanno incominciato a bombardarci.

La trincea logora, perchè è una prigione di fango. Il nostro carceriere è il cannone nemico che ci costringe al silenzio e alla immobilità. Se le trincee sono coperte, la prigionia è assoluta. Si vede il sole a scacchi, cioè attraverso una feritoia. L'esserci adattati a questo genere di guerra è una prova meravigliosa delle qualità individuali e complesse della stirpe italiana.

Un tenente mi dice che il Duca d'Aosta ha tributato un encomio solenne alla nostra Brigata Bersaglieri, per il contegno tenuto nelle due notti dei contrattacchi nemici e per i lavori di rafforzamento della posizione. Un bersagliere della mia compagnia, tal Silvio Filippi di Colle Val d'Elsa, che ora è in licenza invernale, mi manda questa cartolina:

Trovandomi in licenza non manco di mandarle i più sinceri saluti, rammentandolo unito assieme a tutti i miei amici, ove son rimasti molto sorpresi di sentire che pure lei debba essere in trincea al pari di qualunque umile soldato. Non ho mancato di fare i saluti a Meoni, il quale li ha con molto alletto accolti. Cesso, salutandolo, sperando di ritrovarlo in ottima salute. Di nuovo saluti affettuosi.

Nelle ultime ore del pomeriggio la nostra artiglieria intensifica i suoi tiri. Dalle quattro alle sei, anche tra le artiglierie sembra talora stabilita una mutua tregua, perchè nè i nostri, nè i loro, sparano un colpo solo. Sul costone esterno di quota 208 assistiamo allo sfilare di mezzo plotone di austriaci. Le loro sagome si profilano nettamente, nell'ultima chiarità del giorno. Dalle nostre linee non parte nemmeno un colpo di fucile, malgrado la vicinanza e la visibilità del bersaglio. È forse una *corvée*. Non è nelle nostre abitudini di innata cavalleria tirare sul nemico, quando è inerme.

19 Dicembre.

Stanotte un gatto raspava presso i nostri reticolati. Sarà un «disperso» di Jamano distrutta. Ieri sera, approfittando della serata, la prima non piovosa, ho girato un po' sul campo di battaglia. Non vi è un metro quadrato, letteralmente, che non sia stato lacerato, sconvolto da quattro o cinque granate. Ci sono ancora dei morti abbandonati. Nostri e loro.

All'alba di stamani due bersaglieri zappatori-minatori ci hanno recato la notizia della vittoria francese. Gioia vivissima in tutti. Si discorre meno d'ieri di pace. Intanto, per cambiare, piove. Tempo assassino. I bersaglieri tutti laceri, barbuti, infangati, scrivono le «franchigie», dormono, si spidocchiano, giocano a carte.

Se si raccogliessero tutti i rottami di ferro, proiettili esplosi o da esplodere, pali di ferro dei reticolati, lamiere, arnesi, ecc., che si trovano su questi campi di battaglia, si caricherebbero treni e treni a tonnellate.

Verso sera, l'orizzonte a ovest presenta una striscia di carminio. Non piove più.

— A Venezia c'è il sole! — sento dire con voce che tradisce una evidente nostalgia.

Siamo tornati or ora all'accampamento. Oggi l'artiglieria nemica è stato silenziosissima. Soltanto due shrapnel distratti sono caduti nelle nostre linee. Dialogo colto a volo nell'oscurità:

— Ritornare all'Austria le terre che abbiamo conquistato? Questo non sarà mai!

— I nostri morti griderebbero vendetta!

— E non i morti soltanto; anche i vivi! —

Domani è l'anniversario della impiccagione di Oberdan.

20 Dicembre.

Stanotte, freddo. Ma nel cielo è tutta la chiarità che annunzia una bella giornata. Finalmente, il sole, il sole, il sole!

Passano degli aeroplani nostri e nemici. Le nostre artiglierie lavorano, come sempre. Otto colpi, uno dietro l'altro, sono caduti sul trinceramento austriaco di quota 208. Gli austriaci non hanno aspettato gli altri e se ne sono andati, fuggendo verso la terza linea. Parecchi bersaglieri scendono al posto di medicazione coi piedi congelati. Non è per il freddo, ma per l'umidità e per l'acqua delle trincee. Tuttavia non sono gravi.

L'argomento della pace continua a essere all'ordine del giorno, ma nessuno, dico nessuno, vuol sapere di una pace «tedesca».

Fuoco intenso dei nostri cannoni. Gli austriaci hanno buttato una ventina di shrapnel sui nostri trinceramenti di terza linea.

Serata di stelle!

21 Dicembre.

— Lo stoicismo dei nostri feriti — mi diceva ieri sera un tenente medico — è sorprendente. Giungono o sono portati qui con la carne straziata e non un lamento esce dalle loro labbra. I feriti addominali conservano una coscienza lucidissima. Una sera, sullo Jaworcek, mi fu portato un ferito che aveva una gamba frantumata dallo scoppio in pieno di una bomba. Fu lui che mi disse:

— Dottore, tagli! — Gli feci un'iniezione e gli tagliai la gamba. Quel ferito, di cui ricordo ancora il nome, Fumagalli, se ne andò come era venuto, senza un lamento. Le ferite più gravi sono quelle prodotte dallo scoppio di granate, specie se di grosso calibro. Quelle di pallottola, fucile, mitragliatrice, shrapnel, sono spesso intelligenti. —

Oggi, primo giorno d'inverno, secondo l'astronomia, si annuncia con un sole scialbo. Verso il mare c'è una cortina di nubi temporalesche. Da qualche giorno l'artiglieria nemica è inoperosa. La nostra, invece, è sempre attivissima. Sono centinaia e centinaia di granate che cadono quotidianamente sulle posizioni nemiche.

Pare ormai sicuro che l'avanzata è sospesa. Se si fosse potuto dare all'Austria una risposta sul genere di quella data dalla Francia alla Germania!

22 Dicembre.

Gli austriaci ci bombardano regolarmente tutte le sere con cannoncini da trincea, che gettano bombe dallo scoppio formidabile come di un 305.

Tempo nebuloso, ma non piove. Nella mattinata, silenzio delle artiglierie. Anche la nostra tace. Le bombe di ieri sera (ne hanno lanciate oltre trecento) hanno fatto alcune vittime.

23 Dicembre.

All'una stanotte siamo stati svegliati da un improvviso e vivace fuoco di fucileria nella nostra trincea di avamposti. È durato una decina di minuti. Falso allarme. Mattinata nebbiosa. Malgrado ciò, azione intensa delle nostre artiglierie. Nel pomeriggio abbiamo seppellito, profittando della nebbia, un soldato del 21° fanteria. Apparteneva alla classe dell'86, sardo. Nelle tasche aveva un piccolo coltello e una lettera ricevuta che diceva: «Spero presto di rivederti in licenza invernale...».

Sera di pioggia e di malinconia.

Una visita graditissima rompe la monotonia della sera piovigginosa. Mi sento chiamare. Esco dalla tana e riconosco Benedetto Fasciolo, il redattore del *Popolo* e ora capitano di artiglieria, in compagnia di Amilcare De Ambris, sotto-capo di marina. I miei ospiti si allogano alla meglio nel mio sontuoso hotel, illuminato da un mozzicone di candela. Sono venuti a trovarmi. Stanno al di là dell'Isonzo. Apprezzo come si merita questo gesto di viva amicizia. Si parla di tante cose vicine e lontane... Dopo alcune ore di conversazione, li accompagno sulla strada maestra che conduce a Doberdò.

È notte alta. Sul costone di quota 144, i tedeschi lanciano i soliti barilotti di esplosivo. Uno sprizzare di scintille, uno scoppio formidabile che finisce in un gemito alto e sottile:

— Qui è la guerra! — mi dice Fasciolo, stringendomi la mano.

24 Dicembre.

La mia giornata. Al mattino non c'è «sveglia» in trincea. Il sonno non è misurato da un regolamento come in guarnigione, perchè la sua maggiore e minore durata dipende dagli eventi. Ore otto, piccola colazione. Poi leggo i giornali. Scrivo qualche «franchigia». A mezzogiorno, cucina grassa:

ventresca, formaggio, frutta. La proporzione della frutta eccola: un arancio, due mele, quattro fichi, sei castagne. A turno, si capisce. Dimenticavo: un limone, e questo quasi tutti i giorni. Nel pomeriggio, niente. Se c'è la nebbia, me ne vado attraverso il campo di battaglia. Si fanno delle «trouvailles» spesso interessanti. Il cannone ci accompagna fino a sera. Rancio. Silenzio. Notte interminabile. All'indomani... è la stessa cosa.

Vigilia di Natale. Chi ci pensa, fra noi? Cielo plumbeo, nebbia che piove adagio adagio. Lungo la trincea è tutto un picchiettare sui bossoli delle granate esplose, per ricavarne i braccialetti di rame da portare ai paesi... È lo «chic» delle trincee!

Pomeriggio di tranquillità. L'argomento «pace» è in ribasso. Ognuno capisce e intuisce che non è suonata quell'ora...

Il capitano mi ha dato l'incarico di portare una lettera di auguri al colonnello. Il colonnello è andato nelle trincee avanzate. Lo attendo al ritorno. Agli auguri del capitano aggiungo i miei. Il colonnello mi dice:

— Sono stato in trincea a fare gli auguri ai bersaglieri. Ma il miglior augurio è che il reggimento faccia sempre bene... —

All'accampamento ho trovato una certa animazione. Sono giunti dei regali di Natale. Vedo delle bottiglie di barbera, adorne del tricolore, e pacchi di biscotti. È un Comitato che manda...

Approfittando della nebbia bassa, anche oggi i bersaglieri si sono sparsi sul campo di battaglia, tra prima e seconda linea, a frugare il terreno. Si è trovato un po' di tutto.

Longo ha trovato una maschera nuovo modello, austriaca, una piccola tromba per segnali, un pacco di lettere spedite e da spedire. Cercherò di decifrare il tedesco di quell'ignoto austriaco. Il bersagliere Spera ha trovato un binocolo da campo. L'ho comperato. Da tanto tempo cercavo un binocolo. La strenna natalizia mi è venuta da un ufficiale austriaco che si ritirava un po' in fretta, evidentemente, verso Jamiano. Sarà ancora vivo o sarà morto? Su questo campo di battaglia, i segni della precipitosa fuga austriaca sono evidenti e abbondanti. Zaini, tascapane, coperte e una quantità inverosimile di munizioni. Poi baionette, foderi di baionette, bombe, carte e stracci. E dovunque buche e dappertutto disseminati a centinaia e centinaia i bossoli degli shrapnel. Le piogge hanno fatto crescere il lago. Alcuni dei nostri ricoveri sono quasi sommersi dall'acqua. L'artiglieria austriaca non ha sparato un sol colpo. Anche la nostra ha sparato pochissimo.

Natale

25 Dicembre.
Come ieri, come sempre, da un mese a questa parte, piove. Oggi è Natale. Proprio Natale. 25 Dicembre. Terzo Natale in guerra. La data non mi dice niente. Ho ricevuto delle cartoline illustrate coi soliti fanciulli e gli inevitabili alberelli. Perchè io riprovi un'eco della poesia di questo ritorno, debbo rievocare la mia fanciullezza lontana. Oggi il cuore s'è inaridito come queste doline rocciose. La civiltà moderna ci ha «meccanicizzati». La guerra ha portato sino alla esasperazione il processo di «meccanicizzazione» della società europea. Venticinque anni fa io ero un bambino puntiglioso e violento. Alcuni dei miei coetanei recano ancora nella testa i segni delle mie sassate. Nomade d'istinto, io me ne andavo dal mattino alla sera, lungo il fiume, e rubavo nidi e frutti. Andavo a Messa. Il Natale di quei tempi è ancora vivo nella mia memoria. Ben pochi erano quelli che non andavano alla Messa di Natale. Mio padre e qualcun altro. Gli alberi e le siepi di biancospino lungo la strada che conduce a San Cassiano erano irrigiditi e inargentati dalla galaverna. Faceva freddo. Le prime messe erano per le vecchie mattiniere. Quando le vedevamo spuntare al di là della Piana, era il nostro turno. Ricordo: io seguivo mia madre. Nella chiesa c'erano tante luci e in mezzo all'altare, in una piccola culla fiorita, il Bambino nato nella notte. Tutto ciò era pittoresco e appagava la mia fantasia. Solo l'odore dell'incenso mi provocava un turbamento che qualche volta mi dava istanti di malessere insopportabile. Finalmente una suonata dell'organo chiudeva la cerimonia. La folla sciamava. Lungo la strada, un chiacchierio soddisfatto. A mezzogiorno fumavano sulla tavola i tradizionali e ghiotti cappelletti di Romagna. Quanti anni o quanti secoli sono passati da allora? Un colpo di cannone mi richiama alla realtà. È Natale di guerra.
Nella trincea è un silenzio pieno di segrete nostalgie. Natale magro. Dei doni mandati dal Comitato, alla mia compagnia sono toccati mezza dozzina di panettoni e altrettante bottiglie... Il rancio poi è stato specialissimo: baccalà in umido con patate. Figurarsi!

26 Dicembre.
Mattinata insignificante.
Nel pomeriggio, improvviso risveglio delle nostre batterie. Un tratto della «loro» trincea di prima linea, è saltato per aria. Di rimando, essi hanno lanciato alcune bombe su quota 144. Mentre scrivo, i tedeschi lavorano... per noi.
Padre Michele è venuto a trovarci, gli ho accennato alle polemiche suscitate dalla mia licenza invernale e gli ho chiesto se sarebbe pronto a rendermi testimonianza.
— Prontissimo — egli mi ha risposto. — Direi la verità, che cioè, io l'ho

visto dal primo giorno a oggi, sempre in prima linea. —
Erano presenti altri ufficiali.
Scrivo queste righe alla luce fumosa di uno scaldarancio, nella più inverosimile delle posizioni. Nel crepuscolo, si addensano lo nubi sciroccali. Bombe.

27 Dicembre.
Stanotte abbiamo rinforzato la nostra linea di reticolati. Fra le 22 e le 23 c'è stato un bombardamento reciproco assai violento.
Mattina nebulosa, ma chiara. Mi affaccio al parapetto della nostra trincea. Ci sono di là, a poche decine di metri, due soldati austriaci che conversano tranquillamente in piedi. Più lontano, un altro soldato, fa, non meno tranquillamente, la sua «toilette» mattinale. Si leva la giubba, il corpetto, la camicia; si spidocchia. A operazione ultimata, un lungo stiramento di braccia, un'occhiata in giro, poi se ne torna lentamente alla tana. Io constato che da un mese non mi lavo la faccia. L'acqua del lago è sospetta. L'acqua che giunge con le ghirbe e che bisogna prelevare con un «bono», è troppo rara per sciuparla a lavarsi la figura.
È finito or ora un bombardamento intensissimo, durato da mezzogiorno alle cinque. Il preludio è stato austriaco. Bersaglio, come sempre, la quota 144. Grossi calibri che giungevano accoppiati. La cima di quota 144 era avvolta nel fumo nero e biancastro delle esplosioni, che, portato dal vento, scendeva sul lago e annebbiava tutto l'altipiano di Doberdò. Gli austriaci hanno continuato indisturbati per quasi un'ora. Poi sono intervenute le nostre batterie. Per due ore, fuoco d'inferno. La selletta dove è la nostra trincea era tutto un rimbombo, le vibrazioni d'aria scuotevano i teli da tenda che abbiamo sulle tane, le doline sobbalzavano. Armato del mio binocolo, mi sono messo in piedi nel fosso della trincea, a godermi lo spettacolo. A un certo punto c'è stata una ripresa dei loro, ma breve. Sopraffatti dal numero e dalla potenza delle nostre batterie, gli austriaci si sono rassegnati a tacere. I nostri hanno continuato, implacabilmente, sino alle prime ombre del crepuscolo. Nelle mie orecchie c'è un ronzio curioso.
— E questo non è che un aperitivo — ci ha detto un bombardiere che filava, correndo, lungo un camminamento.
È sera. Le nuvole si stracciano... Sul mare è il primo quarto della luna nuova... Nel cielo sono, qua e là, delle stelle.

28 Dicembre.
Stanotte il duello delle artiglierie non ha avuto sosta. Al tenente Gelassi che comanda gli zappatori del 39° battaglione, ho chiesto notizie sugli effetti del bombardamento d'ieri a quota 144.
— Insignificanti — mi ha risposto. — Quattro o cinque feriti al 7°, un ferito all'11°. Le gallerie sono state provvidenziali... —
Mi dice anche che ieri sera, sull'imbrunire, un romeno si è arreso. Ma non è

stato possibile interrogarlo, per mancanza di interprete.

Mattinata di sole pallido. Due Caproni, scortati da un Nieuport[16], volteggiano su di noi. I cannoni urlano già la loro canzone di morte. Moltissime granate austriache di piccolo calibro che cadono presso la nostra seconda linea, non scoppiano. Ne abbiamo contate otto. Pomeriggio di sole. È il bel tempo che torna?

29 Dicembre.

Notte agitata. Stamani, una nebbia bassa nasconde allo sguardo il lago e la pianura di Doberdò. Nel cielo è una nuvolaglia grigia che il sole non riesce a disperdere. L'aspetto dei miei commilitoni dopo la permanenza nella trincea carsica, comincia a essere lamentevole.

Ci sono alcuni casi sospetti di gastro-enterite all'8^ compagnia. La compagnia ha ricevuto l'ordine di allontanarsi. Si credeva che ci precedesse nell'andata a riposo. Ecco: piuttosto che morire in un lazzaretto di colerosi, preferisco essere sbrindellato in cento pezzi da un proiettile da 305.

Oggi i cannoni austriaci hanno buttato qua e là i soliti colpi innocui. Si sbadiglia. Chi per noia, chi per appetito. Questa è la guerra dell'immobilità.

30 Dicembre.

Tempo accidioso e insidioso, da colera. Difatti il bacillo virgola deve aver fatto la sua comparsa, a giudicare dalle misure igieniche che si stanno prendendo. Tutto l'accampamento è bianco di calce, che vien gettata fra i baracconi, senza risparmio.

Padre Michele è passato nelle trincee, offrendo un distintivo tricolore e un foglietto. Ho accettato il distintivo, poi mi sono fatto dare il foglietto. Si tratta della *Solenne consacrazione dei soldati del Regio Esercito Italiano al Sacro Cuore di Gesù*. Io non commento, trascrivo. Nell'interno del foglietto c'è l'«istruzione» che dice:

«La devozione al Sacro Cuore di Gesù è la grande speranza dei tempi nostri. Tutto noi possiamo ottenere mediante la fede e l'amore al Cuore di Gesù. Egli stesso, apparendo alla Beata Margherita Maria in Francia, ha detto: «Voi non mancherete di soccorso che quando io mancherò di potenza». Vedete i francesi alla battaglia della Marna: tutto pareva perduto, quando il generale Castelnau ebbe l'ispirazione d'invocare il Sacro Cuore e consacrargli l'esercito. E il risultato fu la meravigliosa vittoria che salvò la Francia. Vittoria vogliamo noi pure, duplice vittoria: una sui nemici politici per la grandezza della patria nostra, l'altra su noi stessi per purificarci ed elevarci. Ma per entrambe, se le vogliamo grandiose, abbiamo d'uopo di mezzi eccezionali. Ed ecco additata la devozione al Sacro Cuore di Gesù...».

Poi c'è anche «Un atto di Consacrazione» che finisce in un *Credo, Pater, Ave, Gloria*.

Ripeto: non commento: trascrivo, copio... il documento.

31 Dicembre.

Fine d'anno. Messa al 7° bersaglieri e discorso del prete officiante. Non so chi sia. Non conosco il suo nome. Un mio vicino che ascoltava mi ha detto che è un abruzzese. Oratore dalla parola facile, dalla voce squillante e quel che è l'essenziale, un italiano nel più fervoroso senso della parola. Mi è piaciuto, nel suo discorso, l'accenno alla pace tedesca che sarebbe «la pace del vincitore che pone il piede sul petto al vinto», mentre la nostra pace deve «consacrare la giustizia e la libertà dei popoli» e ha finito con queste parole: «L'Italia anzi tutto e sopra tutto.».

Avrei voluto gridargli: Bravo! Avrei voluto andare a stringergli la mano. Voglio qui ricordare il primo discorso veramente e accesamente patriottico che ho sentito in sedici mesi di guerra.

Giornata grigia. Il tenente generale che comanda la nostra Divisione è fra noi.

Sembra certa la nostra partenza a riposo in un paese dell'Oltre Isonzo, nell'Italia redenta. Alcune settimane di quiete ci tempreranno per l'azione, quando il giorno verrà. Gli amici interventisti che si trovano nei paraggi cercano di vedermi. Oggi è venuto a trovarmi Enrico Tagliabue, di Monza, parrucchiere e ora artigliere. È un interventista entusiasta, un amico del *Popolo*. Dopo cinque mesi di fronte, ha conservato intatto e accresciuto, anzi, il suo patrimonio ideale d'interventista. Questi umili figli del popolo, che hanno sentito la bontà della nostra causa e la santità della nostra guerra, meriterebbero di essere valorizzati un po' di più, ai fini della vittoria!

Nel pomeriggio un sole pallido schiarisce l'orizzonte. La partenza è fissata per stasera. C'è l'ordine. Si compie oggi il mio primo mese di trincea sul Carso. Io saluto il 1916 che muore e il 1917 che comincia: Viva l'Italia!

Gli austriaci si sono accorti del nostro movimento? Non so. Non credo. Certo è che a un dato momento, le artiglierie nemiche si sono improvvisamente risvegliate. Un grosso proiettile è scoppiato in pieno su un ricovero, ma, fortunatamente, questo era vuoto. Gli austriaci ci hanno dato la buona fine d'anno.

Saluto, marciando, il 1917

1 Gennaio 1917.
Il 1916 è morto, mentre io marciavo sulla strada da Doberdò. Il 1917 l'ho salutato marciando. Ciò è di buon auspicio...
Primi dieci giorni, riposo a Palazzotto, vicino a Isola Morosini, in un deserto fangoso. Baraccamenti e brande. Bagno. Iniezioni anticoleriche. Esame delle feci. Segregazione contumaciale. Noia. Dal 10 gennaio al 20, riposo nei baraccamenti di Santo Stefano presso Aquileia. Visita al Museo. Conoscenza dello scultore Furlan, milanese, e del pompiere Sala della III Armata, un interventista milanese della vigilia, ancora entusiasta. Notte dall'11 al 12, incursione di areoplani. Cinquantadue bombe innocue. Io pensavo alle nidiate di bambini visti ruzzare nelle strade di Aquileia. Lavori di trincea presso le mura romane. Scoperta di ruderi. Istruzione del lancio delle bombe. Maestro, un maresciallo di cavalleria. Mi dice di aver istruito anche Malusardi e Trerè, volontari milanesi.

19 Gennaio.
Ripasso l'Isonzo. Emozione. Grande fiume ceruleo. Sulle vie del Tevere è nata l'Italia, sulle vie dell'Isonzo è rinata. Pieris. Ancora popolata di donne e bambini. Nella piazzetta c'è una statua rappresentante una donna in piedi con un libro in mano. La legenda dice: *All'Imperatrice Elisabetta. Il popolo di Pieris*. Il paese è intatto. Soltanto qua e là, nei muri delle case abbandonate, l'occhio di una granata. Nel cortile del nostro accantonamento alcuni soldati di sanità hanno impiantato una scuola, frequentata da un centinaio tra maschi e femmine. Domando a una bambina:
— Che cosa hai imparato oggi a scuola?
— Niente.
— Vuoi un poco di pagnotta?
— Màgnatela. — Radi borghesi.

20 Gennaio.
Incontro con Guido Podrecca. A Ronchi per gli alloggiamenti. Lungo la strada, poco prima di Ronchi, c'è una tomba che reca sulla croce: «Soldato sconosciuto». Vento freddo. Sole.

21 Gennaio.
Bora di Trieste. Freddo. Giornata insignificante, che tempo di un morale pessimo. Parlottano. Il colonnello Benito se n'è andato a comandare la Brigata Cremona. Lo ha sostituito il tenente colonnello Capanni, che ha mandato un vibrante saluto all'11° glorioso.

26 Gennaio.

Lavoro di trincea su Dolina Berg, quota 70, primo ciglione del Carso, sopra Selz. Il campo di battaglia. Impressionante ancora! Atterramento forzato di un nostro velivolo vicino a Doberdò. Croci con le corone di rosario appese. Rotoli di carta e cestini di vimini con la telaiatura di ferro. Morti isolati. Mucchi di cadaveri, appena ricoperti di sacchi a terra. Piedi che sporgono. Un teschio. Frammenti di ossa. «*Pace, o fratello*» (14° fanteria). Ferraglie in quantità. Il mare. Laggiù, il campanile quadrato di Aquileia. Più in là un biancheggiare di case: Cervignano.

27-28 Gennaio.

Neve, freddo, noia infinita. Ordine, contrordine, disordine.

30 Gennaio.

I soldati che tornano dalla licenza sono da quella bassa voce del *bordello* che «ci sta» in Italia, perchè quei «quattro vecchietti» e le donne vogliono la pace. Va da sè, che gli ufficiali pensano... ad altro. A Roma, ciurlano nel manico. Governo dell'impotenza nazionale!

1 Febbraio.

Lanciatorpedini. Ho lasciato il mio plotone destinato a formare il 64° battaglione, probabilmente in Italia. Si è costituita una seconda sezione di lancia Bettica e me ne hanno offerto il comando. Esercitazioni al Poligono di Ronchi.

10 Febbraio.

È cessato il vento gelato. Mattinata di sole radioso. Anticipazione di primavera. Piccoli lavori al camminamento. Solito fuoco delle artiglierie. Solito passaggio di velivoli.

Alcune delle loro granate sono cadute in pieno nelle loro trincee. Il tiro dell'artiglieria nemica continua a essere molto irregolare e altrettanto innocuo.

11 Febbraio.

Cannoneggiamento. Gli austriaci ci hanno tirato con le loro bombarde, ma senza far vittime. Pochi colpi. Scoppio solenne. Quando la bombarda cade, sembra un gatto con la coda in alto.

12 Febbraio.

Lavori al «camminamento del morto» (austriaco). Sul cocuzzolo ci sono ancora una decina di cadaveri austriaci e due italiani, insepolti. Uno è senza testa.

Pomeriggio di pioggia. Vento sciroccale. Il lago di Doberdò sgela. Reciproco concentramento vivacissimo di fuochi d'artiglieria.

13 Febbraio.

Il lago di Doberdò, tutto ricoperto di canne palustri, presenta l'aspetto miserevole di uno stagno come il limitrofo «Pietra Rossa». I giornalisti che lo hanno trovato «pittoresco» l'hanno veramente visto?

Violento fuoco. Qualche ferito. Un autoferito. Niente altro.

Grande, tepido sole.

14 Febbraio.

Mattinata di sole. Passa un morto tutto avvolto in un telo da tenda. Pochi commilitoni lo seguono. Un prete fa qualche gesto. I passanti si scoprono e poi se ne vanno. Ieri sera gli austriaci hanno buttato alcune bombe nella nostra trincea.

Ai piedi di queste quote, ci sono i cimiteri che le consacrano. Il nostro si allarga... Il breve funerale non ha interrotto il traffico e il movimento degli altri. Io penso con mestizia a quell'ignoto soldato d'Italia che se ne va sottoterra, mentre nel cielo si annunzia coi suoi tepori la primavera. Il cannone lavora. Il morto è del 531° reparto mitraglieri. È l'unica vittima della bomba di ieri sera. Pomeriggio di cannonate. Una nostra granata è caduta in pieno nella loro trincea. Gridavano i *boches* e scappavano. Un loro portaferiti è accorso. Concerto dei nostri grossissimi calibri, sulla loro prima e seconda trincea.

Dall'estrema destra della nostra trincea ho visto Duino. Di lassù si domina tutto il golfo di Panzano. Causa la foschìa del mare, non ho potuto vedere Trieste. Lanciate dieci torpedini sui loro reticolati. Per rappresaglia, gli austriaci hanno lanciato sette granate da 152 sul rovescio di quota 144. Feriti: uno, alla rotula del ginocchio.

15 Febbraio.

Sole. Stanotte ho lavorato sino alle quattro. Quando mi sono levato dai camminamenti per tornare al mio giaciglio, un quarto di luna rossa illuminava sinistramente il campo di battaglia. Nessuna novità, stamani. Pomeriggio, solita sinfonia.

Gergo di guerra:

benzina = vino
lampione = fiasco di vino
un telegramma = scheggia di granata
attaccare un bottone = tenere un discorso noioso
signorina = sigaretta
sigaretta = cartuccia da fucile
chioccia = mitragliatrice
andare alla riparazione = andare all'ospedale

Canzone in voga:

Al 25 luglio,
Quando matura il grano,
M'è nata una bambina
Con una rosa in mano.
Non è una paesana
E nemmeno contadina,
È nata in un boschetto
Vicino alla marina.
Vicino alla marina
Dove mi piace stare,
Si vede i bastimenti
A galleggiar sul mare.
Per galleggiar sul mare,
Ci voglion le barchette,
Per far l'amor di sera,
Ci vuol le ragazzette.
Le ragazzette belle
L'amor non lo san fare;
Noialtri bersaglieri
Glielo faremo fare.
Glielo faremo fare,
Glielo farem sentire,
E in capo a nove mesi
Le vedrem partorire.

Gli ufficiali mi domandano con troppa insistenza le mie opinioni circa la prossima, o lontana, fine della guerra.

16 Febbraio.
Conosciuto il dott. Vella, fratello di Arturo.
Sole grande. Solito fuoco. Nel pomeriggio, grande concerto. Parte della loro prima trincea è saltata in aria. Un baracchino incendiato. Lavorato sino quasi all'alba. Solito insignificante fuoco delle artiglierie. Mezzogiorno. Sole incerto.

17 Febbraio.
Ieri sera, alle dieci, c'è stato allarme nella nostra trincea avanzata. Una pattuglia di austriaci ha tentato una piccola sorpresa. Si è avvicinata ai reticolati. Lancio di bombe fumogene. Una forte esplosione. Tubo di gelatina sotto ai nostri reticolati. Due cavalli di Frisia distrutti. Lancio di bombe. Un nostro caporale ferito. Le vedette vigilavano. Fuoco di fucileria. Bombe Benaglia. Per rappresaglia, abbiamo gettato nove torpedini sulla loro linea. Si

è sentito lo zoccolare di un rinforzo austriaco. Tutta la notte lancio di bombe e cannonate. Lavorato per le piazzole di due cannoncini da bombe, per trincea.

18 Febbraio.
Mi accorgo che è domenica, perchè dinanzi al Comando del reggimento c'è messa. Pochi ascoltatori. Solito discorso. Pomeriggio di fuoco abbastanza vivace delle nostre artiglierie. Pomeriggio nubiloso. Le batterie austriache non hanno risposto che fiacchissimamente.

19 Febbraio.
Fame. Il cantiniere si è circondato di cavalli di Frisia, per evitare l'assalto dei bersaglieri alle gerle di pane. Stamani cielo grigio. Fuoco tambureggiante dei nostri cannoni e dei loro. Non ho potuto dormire, perchè la terra sobbalzava e nell'aria era una vibrazione che scuoteva i nostri ripari sulle doline. Le bombarde sono bruciate. Sintomo.

20 Febbraio.
Ieri sera, sull'imbrunire, ho sparato il cannoncino lanciabombe. Le bombe sono cadute in piena trincea dei tedeschi. Soliti cannoneggiamenti, nostro e loro. Mattinata ventosa. Il tenente medico Scalpelli se ne va in un ospedaletto da campo oltre Isonzo. Era in prima linea dall'inizio della guerra.

21 Febbraio.
Lavorato gran parte della notte per la postazione di un cannoncino lanciabomhe.
Stamani, all'alba, ho dato il buongiorno ai tedeschi, con una bomba Excelsior tipo B, che è caduta in pieno nella loro trincea. Il puntino rosso di una sigaretta accesa si è spenta e probabilmente anche il fumatore. Oggi ci hanno bombardato per parecchie ore di seguito. Le nostre perdite non sono gravi. Tra gli uomini fuori combattimento ci sono due ufficiali, uno dei quali bombardiere. Ho aumentalo la dose per la buona sera. Ho lanciato due bombe. Bersaglio. Giornata di sole. Le postazioni sono finite. Stanotte conto di dormire a lungo.

22 Febbraio.
Sospese le licenze sia per gli ufficiali come per i bersaglieri. Altro sintomo. Rivista alle scatolette e munizioni.
Ore tre del pomeriggio. Giungono da lontano, e passano sulle nostre teste, grossi proiettili destinati alle prime linee nemiche. Le nuvole delle esplosioni oscurano di quando in quando il sole.
Sono diventato un fumatore. Conseguenze della trincea. Le «macedonia» sono eccellenti.
Gli austriaci rispondono con spring-granate fra la prima e la seconda linea:

due morti e cinque feriti della mia compagnia: la quinta. Un ferito al braccio fuma la sigaretta. Due sono gravi.

Ferito!

Nel pomeriggio del 23 febbraio 1917, verso le ore 13, si eseguivano a quota 144 dei tiri d'aggiustamento con un lanciabombe da trincea. Erano attorno a me venti uomini, compresi alcuni ufficiali. La squadra era composta dai soldati più arditi della mia compagnia. Il tiro si era svolto senza il minimo incidente sino al penultimo proiettile. Questo, invece, (e ne avevamo *spedite* due casse) scoppiò nel lanciabombe. Fui investito da una raffica di schegge e proiettato parecchi metri lontano. Non posso dire di più. So che venni raccolto quasi subito da altri bersaglieri accorsi, adagiato in una barella, trasportato a Doberdò per le prime cure, portato più tardi in quest'Ospedaletto dove trovai un'assistenza affettuosa, premurosissima. Il capitano medico dott. Giuseppe Piccagnoni, direttore dell'Ospedale di Busto Arsizio, e i dottori, tutti e due tenenti, Egidio Calvini di San Remo e Luigi Scipioni di Rosolini (Siracusa) mi curano come se fossi un fratello.

Mattina del 18 Marzo

Ore otto. Un po' di sole. Il solito rombo degli aeroplani. Un ferito nuovo è giunto questa notte. Io non ho chiuso occhio. Stamani il termometro 37,8. Stasera, segnerà 40.

Niente medicazione. Il sibilo di una granata. È scoppiata vicino all'Ospedale. Un'altra. Una terza. Un'altra ancora. Tutte a pochi metri dall'Ospedale. L'infermiere Parisi è tranquillo.

— Possibile — egli dice — che non vedano la Croce rossa sul tetto? Non hanno mai tirato in questi quattro mesi. Dunque! — Ancora un colpo. Il mio vicino, che ha le gambe fracassate da una bomba, li conta: siamo a 15.

— Son pasticci — dice un ferito alla clavicola.

Le medicazioni continuano al pianterreno. Vedo dalla porta spalancata sfilare le barelle. Salgono, dal basso, grida di dolore. Un rombo. Uno scrosciare di vetri nel corridoio, nelle camerate. I nostri lettucci hanno sobbalzato.

— Questa è caduta più vicina delle altre — dico a Parisi. Ma non ho finito di pronunciare queste parole, che un polverone bianco e denso si diffonde dalle camerate sulle scale. Dal polverone sbucano e corrono nella mia camerata, i feriti che possono camminare. Quelli inchiodati al letto si sono rovesciati giù, pazzi di terrore. I loro urli riempiono l'edificio. Uno, nuovamente ferito alla spalla, si è rotolato dalle scale.

Tutti i feriti della camerata li hanno trasportati nella mia. Il dott. Piccagnoni era a pianterreno e stava operando un ferito gravissimo. Dopo lo scoppio, ha lasciato il ferito agli assistenti ed è corso di sopra. Ha messo un po' d'ordine. Ha rincuorato tutti. È stato ammirevole di calma e sangue freddo. Sistemati i feriti, è tornato giù a terminare l'operazione. Per fortuna, i nuovi feriti non sono gravi. Il più grave era ormai guarito. Ora una grossa scheggia gli ha rovinato una spalla! Continuano a fasciarlo. Perde tanto, tanto sangue! Quelli che possono parlare, commentano: Sono dei vigliacchi! Degli assassini! Ci vogliono uccidere per forza!

Gli altri, che non possono parlare, fissano le pareti con gli occhi spalancati. Il sibilare delle granate, poiché gli austriaci continuano a sparare, provoca alcuni secondi di silenzio mortale. Ormai cadono lontano.

II dott. Piccagnoni, insieme col dott. Vella e gli altri due medici, ritorna nella nostra camerata e annuncia che nel pomeriggio tutti i feriti saranno portati al di là dell'Isonzo. I volti si rischiarano.

— E io? — domando. — Lei rimane. Non è trasportabile. Mi farà compagnia! —

Pomeriggio. Tutti i miei compagni di dolore sono partiti. Nell'Ospedale sono rimasti i medici, il cappellano, gli infermieri. Di feriti, soltanto io. Silenzio grande nel crepuscolo.

Il Re visita Benito Mussolini e i suoi compagni feriti

Corrispondenza di Raffaele Garinei al *Secolo*.

Quartier Generale, 7 Marzo
Stamani il Re ha visitato l'Ospedaletto da campo ove è ricoverato il caporal maggiore Benito Mussolini. Tornavo giù dalle trincee di Monfalcone e mi recavo a chiedere notizie dell'amico ferito, le cui condizioni di salute negli scorsi giorni avevano avuto un notevole peggioramento, allorché l'automobile grigia del Sovrano lasciava lo spiazzale che si distende a lato della palazzina dove ha sede l'Ospedaletto che ospita Mussolini. Il Re era giunto mezz'ora prima, inatteso, aveva chiesto del Direttore dell'Ospedaletto, il capitano Giuseppe Piccagnoni, e aveva manifestato il desiderio di visitare Benito Mussolini e gli altri feriti ivi ricoverati. Qualche istante dopo, il Sovrano entrava nella corsia dove Mussolini era stato trasportato allora, reduce da quella che è per lui la più straziante operazione: la medicazione quotidiana. Mussolini era leggermente abbattuto: la medicazione era stata forse più dolorosa del solito. Il Re ha domandato al capitano Piccagnoni quale fosse il letto sul quale era adagiato Benito Mussolini.
— È lì sul secondo letto vicino alla finestra. — Mussolini aveva frattanto riconosciuto il Re, e il Sovrano aveva immediatamente scorto il ferito. Avvicinatosi al suo letto, il Re ha domandato a Benito Mussolini:
— Come sta, Mussolini?
— Non troppo bene, Maestà. —
Il capitano Piccagnoni, interrogato dal Sovrano, ha aggiunto particolari precisi: — La febbre si è manifestata otto giorni fa, quando sorse una complicazione infettiva nelle ferite alle gambe: la temperatura superò i 40 gradi, l'infermo passò notti agitate, in preda a delirio. Ora la febbre è diminuita: 38 gradi. Le schegge sono state tutte estratte e le ferite vanno rimarginandosi. Ma Mussolini soffre molto. Figurarsi che la superficie lineare di tutte le ferite che torturano il corpo di Benito Mussolini raggiunge complessivamente gli 80 centimetri. Le due ferite alle gambe sono così ampie, che, divaricate, possono accogliere un pugno di un uomo! —
Il Re ascoltava, guardando il volto del ferito.
— Deve soffrir molto, lei, pur così forte, in questa dolorosa immobilità!
— È un supplizio, Maestà, ma ci vuole pazienza. —
Poi il Re ha chiesto a Mussolini i particolari del doloroso episodio di guerra, e il ferito li ha narrati con precisione.
— Quale crede sia stata la causa dello scoppio? — ha chiesto il Re.
— Il tubo di lancio era troppo arroventato.
— Eh, già — ha aggiunto il Sovrano — forse il tiro era stato troppo rapido.
— E poi, mutando discorso:
— Ricorda? Io la vidi sei mesi fa all'Ospedale di Cividale.

— Ricordo perfettamente; allora ero in osservazione per malattia...

— E oggi — interruppe il Re — dopo tante prove di valore, è rimasto ferito. —

Seguì un istante di silenzio. Tutti guardavano quel soldato valoroso, che, ammaestrando i suoi uomini sotto il fuoco austriaco, perchè essi potessero del nemico aver ragione, era caduto con pari eroismo del soldato che in trincea è sopraffatto dall'impeto dell'avversario. Poi il Re continuò:

— L'altro giorno, sul Debeli, il generale M... mi ha parlato molto bene di lei...

— Ho cercato sempre di fare il mio dovere con disciplina, come ogni altro soldato: è molto buono con me il mio generale.

— Bravo Mussolini! interruppe il Re. — Sopporti con rassegnazione l'immobilità e il dolore.

— Grazie, Maestà. —

Il Re si volgeva allora verso gli altri feriti.

Al lato sinistro di Mussolini era un valoroso mutilato, il sergente Gasperini, valtellinese, che fu ferito dalla bomba di un aeroplano presso Doberdò. Anche per lui il Sovrano ebbe parole di elogio e di incoraggiamento, e fece segnare il suo nome a un aiutante di campo, insieme a quello di un altro mutilato: Antonio Bertola, siciliano.

Il Re, quindi, dopo aver salutato Benito Mussolini, lasciò la corsia e visitò le altre sale dell'Ospedale, congratulandosi poi col Direttore capitano Piccagnoni per l'ordine che aveva trovato.

Ho avvicinato Mussolini qualche minuto dopo che il Re aveva lasciato l'Ospedaletto.

— Sono assai contento — egli mi ha detto — della manifestazione di gentilezza avuta da parte del Sovrano, e delle buone parole che ha rivolto a me e ai miei compagni. —

Al capezzale di Benito Mussolini

Corrispondenza di Sandro Giuliani al *Popolo d'Italia*

Dal Carso, 1 Marzo

L'altra sera, dal *Popolo d'Italia*, ho appreso il tragico incidente di guerra che per poco non costò la vita al nostro valoroso combattente. La mia trepidazione, il mio dolore furono il dolore e la trepidazione vostra. Non occorre che ve ne scriva. Poco più tardi potevo procurarmi dei giornali di Roma. Si diceva che le ferite di Mussolini erano molte, ma non gravi; mi tranquillizzai un poco; non tanto però da saper rinunciare all'istintivo proposito di correre da Lui, di abbracciarlo, di avere una più esatta e sicura idea del suo male. Chiesi e ottenni subito il necessario permesso notevole cortesia della quale sono assai grato al Direttore della mia unità.

Dove fosse l'Ospedaletto 46 non fu possibile saperlo. Non risultava che esso esistesse. Pensammo a un errore. Convenimmo nel credere che si trattasse del 046, in funzione presso Cormons. E la mattina dopo partii.

Quali siano state le delusioni e l'amarezza provate arrivando, vi sarà facile immaginare. Trovai l'Ospedaletto, ma il ferito nostro non c'era! Perdetti così, inutilmente, la mia giornata, riuscendo tuttavia a sapere che il 46 era molto lontano: ad Aquileia. Tornai alla mia residenza con l'anima in pena, sconfortato, avvilito. Mi restava una sola speranza: quella di avere un secondo permesso. E lo ebbi, infatti.

Ripartito stamani per tempo, autorizzato a usufruire d'ogni mezzo di trasporto, mi diressi ansiosamente alla mèta. Marciai in tutti i modi, con tutti i mezzi: con camion, con carri d'artiglieria, con carretti carichi di materiale, in molti tratti... *pedibus calcantibus*. Ma marciai sempre.

Alle quattro del pomeriggio, a Sagrado, mi imbattei in Manlio Morgagni, il direttore amministrativo del nostro giornale, e nel collega Garinei del *Secolo*. Tornavano da una visita a Mussolini. Appresi da essi che l'eroico soldato aveva molta febbre e che l'Ospedaletto 46 non era più ad Aquileia, ma a Ronchi. Da Sagrado a Ronchi (sei o sette chilometri) non trovai alcun mezzo di trasporto. Giunsi lo stesso, però. E giunsi presto!

All'ingresso dell'Ospedaletto, situato in una bella palazzina rimessa a nuovo dopo le «ingiurie» della guerra, mi si precluse il passaggio.

Il sottufficiale d'ispezione aveva una consegna precisa e non era disposto a infrangerla a nessun costo.

— I medici hanno proibito ogni visita. Ce ne sono state troppe! il ferito è molto sofferente. Ha la febbre a 40, stasera. Egli stesso desidera essere lasciato in pace. Mi dispiace tanto, ma è impossibile. —

Declinai la mia qualità di redattore del *Popolo*, dissi la mia angoscia per la sorte di Lui, parlai dei mio affetto fraterno per il mio Direttore e Maestro... Nulla!

Domandai di parlare col Direttore dell' Ospedaletto, con qualche medico...
Fui accompagnato dal tenente dott. Scipioni. Ripetei l'esser mio, lo scopo del
mio viaggio; domandai se era solo concepibile che fossi venuto da tanto
lontano per... tornarmene via senza aver visto Mussolini!

L'ufficiale comprese.

— Aspetti! Ma le raccomando: visita breve. — Promisi e... non mantenni.

Due minuti dopo, ero vicino a Lui. Il nostro incontro fu sinceramente
commosso. Io lo baciai in fronte. Egli sorrise lietamente. I suoi occhi
luminosi facevano il posto alla parola. Dicevano chiaro che la mia
apparizione inattesa era molto gradita. Per un poco tacemmo. Lui soffriva. Io
non sapevo come cominciare...

— Come state?

— Sto bene!

— Avete molta febbre?

— Passerà! —

La cartella termografica segnava 39,9. Gli manifestai i miei sentimenti
migliori, i voti dei compagni, degli amici, degli estimatori suoi, di tutti gli
onesti, di tutti i buoni, perchè la guarigione fosse sollecita e completa.

— Guarirò completamente e presto. —

L'aiutai, insieme a un infermiere, a cambiar posizione nel letto. Lo interrogai
sulle cause dello scoppio.

— Non le so bene — egli rispose — Poi raccontò il fatto come è raccolto
nel suo Diario.

Domandai a Mussolini come avvenne la sua assegnazione a una squadra di
lancia torpedini.

— Nel modo più semplice — egli rispose con grande serenità. — Il primo di
febbraio potevo andare in Italia per un periodo di tempo più o meno lungo.
Ho preferito e l'ho fatto di mia volontà, di passare al comando di una
sezione lancia torpedini, agli ordini di un ufficiale. Alla guarnigione italiana
ho preferito le doline del Carso; sulla quota più tragica. Ecco tutto. —

Così dicendo, egli scrollava lievemente la testa sul guanciale. Gli occhi si
spalancarono... anche di più. Un sorriso di compiacenza, quel suo bel sorriso
caratteristico, nervoso e cristallino che voi ben conoscete, gli illuminò il volto
pallido. Lo accarezzai sulla fronte. Il gesto mi ricordò che egli aveva la febbre
alta. La mia presenza diventava, involontariamente, un martirio. Lo facevo
parlar troppo. Me ne accorsi. Glielo dissi. Lo esortai a non sforzarsi. Poi
soggiunsi:

— Darò notizie di questa mia visita ai nostri compagni, agli amici.

— Sì, fatelo. E dite chiaro e forte che per il trionfo degli ideali di giustizia che
guidano gli eserciti della Quadruplice, avrei accettato, senza rimpianti, anche
un più duro destino. Dite che sono orgoglioso di avere arrossato col mio
sangue, nell'adempimento del mio più rischioso dovere, la strada di Trieste!
—

Parliamo d'altro per un poco. Poi induco il valoroso al silenzio, affondando le mani in enormi fasci di telegrammi e di lettere che sono sul comodino, su una sedia, ai piedi del letto.

Tra i primi dispacci che mi càpitano in mano, ne trovo uno assai premuroso e cordiale del ministro Comandini. Ne vedo quindi di persone di ogni condizione sociale: dal nobile Guido Notari dei Duchi della Rovere ai più modesti e umili operai.

Il ministro Comandini ha telegrafato così: «Commosso per il battesimo glorioso che ti ha piagato e fortificato, ti mando i più fervidi voti di guarigione sollecita e completa».

L'eroica madre di Filippo Corridoni telegrafa da Pausula poche parole: «La mia famiglia è estremamente commossa e le è vicina». Nelle poche parole è tutta l'anima della donna semplice e stupenda.

Margherita e Cesare Sarfatti si esprimono così: «Salutiamo il caro amico, l'eroico combattente, ammirati, trepidanti, auguranti».

E il Dottor Risi: «Saluto le tue gloriose ferite che in idealità nobilissima leniscono e guariranno».

E l'on. Bossi, da Genova: «Personalmente e per il Comitato nazionale antitedesco, auguro fervidamente di rivederti presto più che mai valida guida nelle lotte del fronte interno, non meno importante del fronte esterno, dove ti temprasti ed emergesti tanto».

Ma uno spoglio completo è impossibile.

Vedo, tra gli altri, dispacci assai affettuosi del tenente medico dottor Alberto Mostari, ferito insieme a Mussolini nel tragico accidente di guerra; del collega Uccelli del *Corriere della Sera*, dell'avv. Ermanno Jarach di Milano, del compagno Calassi, di Giampaolo Manfredi da Castel di Sangro: di un numeroso gruppo di amici di Roma; del Gruppo socialista torinese dissidente, della Sezione repubblicana milanese, dei Socialisti dissidenti di Firenze, della Lega antitedesca di Milano, dei giornalisti romani e milanesi, della Fratellanza Fratti di Forlì, della Stampa periodica, dei Fascisti milanesi, di Clemente Pinti, del Comitato delle Federazioni dei Gruppi autonomi di Milano, del Comitato di propaganda patriottica pure di Milano, dell'ex Consigliere comunale Luigi Bonomelli e di moltissimi e moltissimi altri.

Il maggiore dei bersaglieri R. D. dello stesso reggimento del nostro valoroso soldato, scrive così: «Caro Mussolini, non ti raccomando di farti animo. Ti offenderei, perchè ti conosco mio fiero bersagliere. Ti auguro di cuore pronta guarigione per averti ancora tra i miei e presto. Arrivederci, mio buon camerata della trincea, e viva l'Italia!».

Alfonso Vaiana dice: «Le idee sopravvivono agli uomini; però quando le idee hanno assertori della vostra tempra, diventano altari sui quali gli uomini si immolano volentieri. Per questo vi auguro la vita e la salute».

E il dottor Ambrogio Binda, capitano medico, da Milano: «Fervidissimi auguri e un abbraccio. Ti aspetto qui!».

Vedo poi lettere e telegrammi ben auguranti di Dante Dini, di Giovanni Capodivacca, di Giselda Brebbia, Ida Bacchi, da Milano; Camillo ed Erminia

Guaitani da Cassano d'Adda, Luigi Boni da Forlì, l'editore Ferdinando Zappi da Verona, un gruppo di operai da Torino; prof. G. C. Ferrari da Imola; soldato G. B. Ronconi, Pietro Montani da Reggio Emilia, ecc.

Mi pare di chiudere degnamente la manata di auguri scelti a caso, con la trascrizione letterale di questo messaggio da Ferrara: «Egregio, come posso augurare bene a mio figlio, combattente sul Carso, auguro a Voi, soldato Italiano socialista, una pronta guarigione. Vostro Angelini Giovanni, umile lavoratore».

Quanta nobiltà e quanto cuore in queste poche righe modeste!

Il tempo urge. Annotta. Mussolini è preso, via via, da un accentuato torpore. Anziché diminuire, la febbre accenna ad aumentare. Gli sussurro qualche parola. Apre gli occhi, mi tende la mano, sorride lievissimamente.

Che dovizia di affetti in questi telegrammi, in queste lettere!

— Veramente! — risponde il nostro eroico bersagliere. — Veramente! Ringraziate gli amici che sono stati con me in quest'ora. Ringraziateli al grido di «Viva l'Italia!». —

Il volto di Mussolini, incorniciato dalle bende che gli fasciano la testa, mi appare assai più pallido, ora. Anche la fronte scotta. Mi chino su Lui. Ci scambiamo un bacio. Mi allontano volgendomi verso il letto. I suoi occhi scintillanti e neri, singolari e suggestivi tra il candore del viso, del letto, delle fasce, sono di strano contrasto con tanto bianco. Ma sono stupendamente sereni.

All'uscita, mi intrattengo con i dottori Scipioni e Calvini.

— Le condizioni di Mussolini — essi mi dicono — non sono gravi. Non sono neppure così lievi come qualcuno ha raccontato. Tutt'altro. Egli ha molte ferite trapassanti e a fondo cieco, negli arti inferiori. Una di esse, alla coscia destra, è vasta circa dieci centimetri. Altre ferite interessano il capo, la spalla destra (la clavicola è rotta) e, più grandemente, la mano destra, nella quale si riscontra la lesione del carpo. Le schegge trovate sul suo corpo, in seguito a esami radiografici, sommano a circa quaranta. Sono state estratte quasi tutte in due successivi tempi (operazioni). La febbre alta che lo ha preso non deve preoccupare. Essa è dovuta ai processi infiammatori della ferita alla gamba, ove profilasi il pericolo di un flemmone. Scemerà. In ogni modo, salvo ogni complicazione, Mussolini ne avrà per almeno una cinquantina di giorni. Se scompare la febbre, potrà lasciare questo Ospedaletto tra circa una settimana. —

Ho raccolto queste notizie per gli amici. Mi sono congedato con l'anima triste e sollevata insieme. A notte alta, splende la luna e tuona il cannone, butto giù queste note affrettate. Fa freddo.

La mattina del 2 aprile Benito Mussolini, accompagnato dal Dr. Piccagnoni, direttore dell'Ospedaletto da campo ove era stato ricoverato appena fu ferito, giunse a Milano, accolto con vivissime attestazioni di affetto da parte dei Redattori del *Popolo d'Italia* e di molti amici che ne attendevano ansiosi l'arrivo.

Con grandi precauzioni fu tolto dal tettuccio del treno, e trasportato all'Ospedale territoriale della Croce Rossa di via Arena, ove fu ricevuto dal capitano dott. Ambrogio Binda, legato a Mussolini da vincoli di fraterna amicizia.

Il Dott. Binda così parla del periodo in cui ebbe in cura il ferito.

Lasciando il campo, Mussolini mi scriveva: Sono stanco, ho bisogno di riposo, trovami un letto nel tuo ospedale.

Ed entrò nel mio reparto la mattina del 2 aprile. Mussolini era enormemente deperito, fortemente anemizzato e febbricitante. Venne ricoverato in una modesta stanzetta al secondo piano. Doveva sottostare, prima quotidianamente, poi a giorni alterni, a lunghe e dolorose medicazioni, che egli sopportò con uno stoicismo e una forza d'animo impressionanti anche per noi, rotti a tutti gli orrori delle ferite prodotte dalle armi moderne.

Non volle mai la narcosi, neppure quando si trattò di operazioni necessarie complementari. Era soprattutto la ferita alla gamba destra, che per la scopertura dei tendini e dei nervi rendeva spasimante la medicazione. Una sola era la sua preoccupazione: Dimmi, Binda, riprenderò le funzioni dell'arto? Potrò ritornare in trincea?

Passava il suo tempo studiando il russo e l'inglese e leggendo opere letterarie e politiche. Nelle ore pomeridiane aveva la costante compagnia della sua Signora, della buona e gentile signora Rachele, e dei suoi figli Edda e Vittorio. Bruno non era ancora nato.

Durante la sua degenza all'Ospedale, non vi fu uomo politico, italiano o alleato che, passando per Milano, non abbia sentito il dovere di porgere un saluto e un augurio al nostro martire.

Aveva una parola affettuosa per tutti i suoi compagni d'ospedale, sui quali non voleva avere precedenza nell'attesa delle medicazioni.

Non ricordo più chi, dei grandi clinici o pensatori, ebbe a dire che la prima medicina per la guarigione è la volontà. Mai, come nel caso di Mussolini, ebbi a constatare la verità di questa affermazione. Voleva guarire, voleva che la sua gamba riprendesse la funzione; e non c'erano dolori che lo fermassero nei suoi sforzi.

Nel suo corpo rimasero e tuttora vi sono, schegge all'omero destro, alla coscia destra, alle ossa della gamba destra e alla mano sinistra. E qualche volta si fanno sentire!

Nell'agosto, Mussolini lasciò l'Ospedale sorreggendosi con l'aiuto delle grucce.

Tutta la stampa italiana di quel tempo ha pubblicato la notizia del ferimento di Mussolini con commenti di simpatia e di rammarico.

E la stampa francese, poi, se n'è pure occupata largamente ed ha avuto per lui parole cordialissime di solidarietà. Tra i giornali esteri vanno notati: Journal des Débats, Le Figaro, Liberté, La France, Libre Parole, Homme Enchàiné, L'Eveil, La Victoire, Humanité, Bataille, Action Francaise, Radical.

NOTE

[1] Paga elargita alla truppa ogni cinque giorni

[2] Aereo di fabbricazione francese utilizzato durante la Prima Guerra Mondiale con funzioni di ricognitore

[3] Proiettili per artiglieria antiuomo e contraerea

[4] Attrice del XIX secolo originaria di Cividale

[5] Credi?

[6] Proiettile d'artiglieria del diametro di 305 mm. Nello stesso modo saranno indicati altri proiettili, riferendosi sempre al loro calibro

[7] Aereo di origine austriaca, riconoscibile per la caratteristica forma delle ali che ricordano una colomba

[8] Soprannome usato per indicare i fanti

[9] Inno liturgico in Latino, come in Latino era tutta la liturgia prima del concilio vaticano II

[10] I moti di Milano del 1898

[11] Pseudonimo di Giosuè Carducci

[12] Croce, cavalletto, formato con travi di legno o acciaio, utilizzato come ostacolo o supporto per i reticolati

[13] Giuseppe De Falco, capo redattore e poi direttore del *Popolo d'Italia*

[14] Aerei in dotazione all'aviazione italiana, prodotti a Milano dall'azienda di Giovanni Battista Caproni

[15] Vasta regione settentrionale dell'Impero Austro-Ungarico

[16] Aerei di fabbricazione francese, in dotazione a Francia e Regno Unito. Anche l'Italia se ne dotò, alleata alla Triplice Intesa, durante la Prima Guerra Mondiale